R.2946. p.
c.2

DE
LA PHILOSOPHIE
DE LA NATURE.
TOME SECOND.

Fautes à corriger dans le Tome II.

Page 17, vers la fin de la premiere note ; on sçait qu'il n'est ni Grec : lisez ; on sent, &c.
Pag. 23, lig. 9, apologie : lisez ; apologue.
Pag. 441, lig. 20, l'odorat : lisez ; l'odeur.
Pag. 472, derniere ligne du texte, avions : lisez ; aurions.

Fautes à corriger dans le Tome III.

Page 15, lig. 13, à nos yeux : lisez ; à mes yeux.
Ibid. lig. 19, tous, lisez, tout.
Pag. 21, lig. 19, Gasse : lisez ; Hasse.
Ibid. lig. 20, Gandel : lisez ; Handel.
Pag. 72, lig. 14, compte : lisez ; conte.
Pag. 103, lig. 15, dans l'ordre : lisez ; dans le monde.
Pag. 108, lig. 1, il est triste : lisez ; il seroit triste.
Pag. 113, lig. 10, dans les : lisez ; dans ses.
Pag. 123, lig. 15, effacez le mot ; lors.
Pag. 126, lig. 19, énerve : lisez ; énervé.
Pag. 199, lig. 8, pour : lisez ; peut.
Pag. 209, lig. 1, effacez le.
Pag. 270, lig. 14, hérisée : lisez ; hérissée.
Pag. 302, lig. 8, nature! : lisez ; surnaturel.
Pag. 314, lig. 11, voit-on sur ce globe des êtres intelligens qui ayent : lisez ; en voit-on sur ce globe qui ayent.
Pag. 361, lig. 20, Champmele : lisez ; Champmelé.
Pag. 368, lig. 8, effacez bien.

Philosophie de la Nature. Tome 2.

La Vertu vous attend dans cet antre secret;
La Vertu, je la nomme et son éloge est fait. *Pag. 204*

DE LA PHILOSOPHIE
DE LA NATURE.

Nunquàm aliud Natura, aliud Sapientia dicit.
JUVENAL. Satyr. XIV.

TOME SECOND.

A AMSTERDAM,
Chez ARKSTÉE & MERKUS.

M. DCC. LXX.

DE LA PHILOSOPHIE DE LA NATURE.

SUITE DU LIVRE II.

CHAPITRE VI.
DU FANATISME.

Le fanatisme est la religion des petits esprits qui ont la tête chaude.

Le superstitieux n'est ordinairement qu'un être passif, qui végete en paix au pied des viles divinités qu'il s'est formées; mais il n'y a rien de si actif qu'un fanatique dont l'ame petite & cruelle ne se gonfle de poison que pour le répandre; qui n'a de zele que pour persécuter les hommes, une voix que pour les maudire, & une main que pour les exterminer. La superstition est ce lac infect, mais tranquille, qui ne nuit qu'à ceux qui l'approchent. Le fanatisme est ce torrent embrasé qui se précipite du sommet d'un volcan, parcourt la plaine pour la flétrir & laisse par-tout les traces livides de la destruction.

Il ne paroît pas que l'odieux levain du fanatisme (*a*) ait jamais

---

a) On voit bien qu'il ne s'agit ici

fermenté dans l'antiquité; on cite, il eſt vrai, les deux petites villes d'Ombe & de Tentyre, dont les citoyens devinrent ennemis irréconciliables, parce que les uns adoroient un dieu que les autres avoient en horreur (*a*); mais c'eſt un exemple unique. Jamais les Chinois, les Perſes, les Grecs & les Romains ne firent

———————————

que de l'eſpece de fanatiſme qui conſiſte à perſécuter tout ce qui ne penſe pas comme nous. — Cette horrible maladie ſe manifeſte dans les eſprits par d'autres ſymptômes différens, comme on le verra dans les articles ſuivans ; & il ne paroît pas que ſur ce ſujet les anciens ſoient ſupérieurs à nos modernes.

(*a*) Immortale odium nunquàm ſanabile vulnus
  Ardet adhuc Ombos & Tenthyra; ſummus utrinque
  Inde furor vulgo, quod numina vicinorum
  Odit uterque locus. . . . .
              Juvenal. Satyr. 15.

servir le prétexte de venger la divinité au malheur des humains. Fohi ne persécuta point ceux de ses sujets qui n'étoient pas fideles au *Tien* ; Cyrus ne révoqua point l'édit qu'il avoit donné en faveur des Juifs ; jamais les Archontes d'Athenes ou les Consuls de Rome n'ordonnerent aux prêtres de Jupiter d'exterminer les adorateurs d'Anubis & d'Astarté ; cependant il arriva quelquefois qu'un peuple subjugué perdit son culte avec ses loix ; mais la révolution opérée dans la religion nationale n'entraîna alors aucun désastre ; la multitude dut être peu affligée de la perte de ses dieux qui n'avoient pu la défendre ; pour les Philosophes ils sentoient que les conquérans ne pouvoient leur ravir la Divinité, qui seule les consoloit, & de leur existence & de leur esclavage.

Il est un mot sacré, qu'on craint de prononcer, mais qui est dans le cœur de tous les hommes de bien. Les esprits s'éclairent de jour en jour, la raison se perfectionne, & le tems vient où les nations rougiront d'avoir interdit l'usage de ce mot sublime, comme la France rougit aujourd'hui d'avoir méconnu pendant plusieurs siecles le terme de bienfaisance (*a*).

(*a*) A l'avénement de Jovien au trône des Césars, les Ariens demanderent à ce prince l'exil du célebre Athanase ; s'il paroît dans Alexandrie, dirent-ils, la ville est perdue. Mais, dit le prince, j'ai fait de solides informations, & je me suis assûré que ce prélat n'enseigne qu'une bonne doctrine : il est vrai, répondirent les fanatiques, qu'il parle bien ; mais il

En supposant que le fanatique peut raisonner, opposons-lui quelques dilemmes auxquels je réduis la plus sage théorie contre le fanatisme.

La persécution n'est point utile au persécuteur; car elle lui ôte à nos yeux le titre d'homme, & celui de pieux aux yeux de la Divinité.

───────────────────

pense mal. Il suffit, répartit l'empereur, il est assez justifié par votre témoignage : s'il pense mal, il en rendra compte à Dieu; pour moi, qui ne dois juger de lui que par ses discours, je le rends à Alexandrie, qui ne devoit jamais perdre le meilleur de ses citoyens. *Vid. Tert. petition. Arian. ad Jovian. inter opera Athanas. Tom.* 2.

On pardonnera peut-être dans la bouche de Jovien un trait d'humanité qui a déplu dans celle de Justinien.

Elle est encore moins utile à la personne qu'on persécute; car des bourreaux n'ont pas le don de persuader. Le dogme qui m'a paru absurde, lorsque j'étois libre, ne deviendra pas raisonnable à mes yeux quand je serai sur un bucher.

Je suppose qu'à force de violences on réussisse à faire de moi un prosélyte; alors si mon ancienne croyance étoit pure, je deviens un apostat; si mon culte étoit absurde, je deviens un mauvais chrétien.

Un fanatique doit être encore plus mécontent, si je m'obstine en mourant à suivre l'impulsion de mes lumieres; car si mon adversaire est Chrétien, il me rend à jamais la victime de son Dieu irrité; si c'est moi qui suis Chrétien, il s'expose au reproche éternel d'avoir fait couler le sang d'un martyr.

Après avoir prouvé qu'un fanatique est un homme absurde, il est bon de démontrer qu'il est le fléau du genre humain.

Le fanatisme éteint dans les ames tous les sentimens de l'Humanité ; il apprend à être impitoyable, bien mieux que les combats des gladiateurs & les repas des antropophages.

Comment l'homme de bien obscur se défendra-t-il contre un de ses concitoyens, qui n'oppose à ses syllogismes que des coups de poignard ?

Comment un souverain réprimera-t-il un assassin qui, après s'être fait une religion digne de lui, s'écrie : qu'il vaut mieux obéir à Dieu qu'aux hommes ?

Comment la société sera-t-elle tranquille, si un ami a droit de traîner son ami auprès des inquisiteurs ; si un fils peut impunément dire anathême à son pere; si un époux s'arrache des bras de son épouse pour la maudire au nom du Dieu qui les a unis ?

Mais une suite de raisonnemens philosophiques, glissent d'ordinaire sur les esprits qui ne sont pas pliés au travail de la réflexion ; il faut alors se contenter de les traiter comme des êtres sensibles; & c'est pour cette derniere classe de lecteurs que les tableaux qu'on va tracer sont principalement destinés.

On passera sous silence les sourdes persécutions (*a*) & les in-

―――――――――――――――

(*a*) J'appelle de ce nom les calomnies que les petits esprits répandent adroitement contre les grands hommes qui les éclipsent. Un pere Hardouin, & d'autres fanatiques semblables, donnent le nom

justices criantes (*a*), que le fana-

---

d'Athées aux premiers Philosophes de l'Europe; dans le siecle de cet Hardouin, on se contenta de maudire ces Philosophes & de les fuir; deux cens ans plutôt on les auroit brûlés.

(*a*) L'histoire Ottomane fait mention d'une singuliere injustice faite aux Juifs par l'impulsion du fanatisme. — Un riche Hébreu conversoit avec un Grand-Visir, sur la diversité des cultes répandus sur la terre, & insensiblement l'entretien tomba sur le paradis.

LE GRAND-VISIR.

Par Mahomet, ce paradis est une belle invention; je crois déja jouir de ces Houris immortelles, dont le prophete nous a fait une peinture si voluptueuse; & je me flatte que je ne m'ennuyerai pas en leur compagnie, comme je m'ennuie

tisme a suscitées; on ne veut ar-

___

dans mon sérail avec mes soixante-douze Géorgiennes.

BEN ISSACHAR.

Votre Grandeur me permettra de lui représenter que le paradis existoit avant le prophete Mahomet ; que nous en étions en possession avant qu'on l'eût peuplé de Turcs, de Houris & de Géorgiennes ; que……

LE GRAND-VISIR.

Rabbin, j'ai pitié de ta folie ; je vois bien que tu n'as lu ni l'Alcoran, ni les 19-2 commentaires qui ont été écrits sur cet ouvrage éternel. — Mais je veux bien par complaisance, laisser tes ancêtres dans le paradis.

BEN ISSACHAR.

Par complaisance ! Monseigneur ! vous

rêter les yeux que sur les tragé-

———————————

plaisantés ; le paradis, n'est-il pas notre héritage ? Les enfans de Jacob ne sont-ils pas les enfans légitimes ?

LE GRAND-VISIR.

Chien d'Israëlite, est-ce que les enfans d'Ismaël sont des bâtards ?—A ton compte le paradis ne seroit donc peuplé que de Juifs ?

BEN ISSACHAR.

Votre Grandeur me fait là une question captieuse.

LE GRAND-VISIR.

Je ne cherche point à t'embarrasser, mais à te confondre ; réponds-moi : la synagogue a-t-elle décidé que les Juifs seuls auroient entrée dans le paradis ?

dies sanglantes qu'il a fait jouer

BEN ISSACHAR.

Vous me lancés des regards bien foudroyans.

LE GRAND-VISIR.

Je t'entends. — Eh! par la barbe du prophete, où serons-nous donc placés, si tes Hébreux forment toutes les hiérarchies du paradis?

BEN ISSACHAR.

Il me vient une idée. — Vous ne serez pas avec nous ; mais vous resterez hors de l'enceinte céleste ; & là vous nous regarderez.

LE GRAND-VISIR.

Il me vient aussi une idée. — Ben Issachar, vous êtes juste, & vous sentez

parmi les hommes.

bien que les Musulmans ne sont pas faits pour être exposés aux injures de l'air hors de l'enceinte du paradis ; il convient donc que vous leur fournissiez des pavillons, pour qu'ils soient logés à leur aise. — Je vous laisse ; & je vais au Divan faire taxer la somme que votre nation payera dorénavant toutes les années, pour l'achat & l'entretien des pavillons. — Adieu Rabbin, point d'avarice sur-tout pour la qualité des pavillons.

Le Grand-Visir fit goûter son projet au Divan, & depuis ce tems-là, les Juifs payent un tribut considérable au Grand-Seigneur pour les pavillons où les Musulmans doivent loger après leurs mort.

ARTICLE PREMIER.

Des Victimes humaines.

Il faut remonter à la plus haute antiquité pour trouver l'origine de ces sacrifices affreux où on égorgeoit les hommes pour engager les dieux à les protéger.

On trouve l'usage d'immoler des victimes humaines établi chez les Phéniciens (*a*), les Egyptiens (*b*),

---

(*a*) *Voy.* Sanchoniaten dans Euseb. *præpar. evangel.* Lib. 1, cap. 10, & Porphyr. *peri apocès*, *l ib.* 2, par. 56.

(*b*) *Voyez* Manéthon cité par Plutarque, *de Isid. & Osirid.* & Athenée *Dei*-

les Babyloniens (*a*), les Ammonites (*b*), les Arabes (*c*), les Celtes (*d*) & les Romains (*e*); à

---

nopsoph. Lib. 4. — On observe encore sur les bords du Nil la coutume féroce d'immoler tous les ans une fille à ce fleuve pour obtenir la fécondité; un gouverneur Turc voulut l'abolir, mais malheureusement cette même année le Nil ne monta point à sa hauteur ordinaire, & il y eut une révolte.— *Voyages de Paul Lucas, Tom.* 2, *pag.* 327.— Le peuple superstitieux crut le Nil plutôt que le gouverneur.

(*a*) *Voyez* le second Liv. des Rois, Chap. 17.

(*b*) *Selden Syntag. prim. de diis Syris.*

(*c*) *Pantheon Ægypt. part.* 2, *pag.* 75.

(*d*) *Pompon. Mela, Lib.* 3.

(*e*) Quand les Romains craignoient quelques grands désastres, leurs prêtres enterroient vifs dans une place publi-

Tyr, à Athenes, à Sparte, à Carthage, dans les Gaules, dans la Germanie, dans l'Espagne & dans le Nouveau-Monde (*a*). Il en est de

---

que deux Grecs & deux Gaulois de différent sexe. *Plin. hist. natur. Lib.* 28 & 30, & *Tit. Liv. decad. Lib.* 22. & *alibi.* Les Romains n'avoient cependant qu'une religion pacifique; mais comme il étoit écrit dans les livres Sybillins, qu'un jour les Grecs & les Gaulois s'empareroient de Rome, les Aruspices prétendoient détourner l'effet de cette prédiction par des sacrifices humains; à l'approche du moindre orage, la sage législation de Numa étoit rendue inutile par le billevesées des Sybilles.

Tite-Live rapporte cet usage barbare avec beaucoup de sang-froid; on sçait qu'il n'est ni Grec, ni Gaulois; mais ne devroit-on pas sentir qu'il est homme?

(*a*) On peut consulter sur toutes ces

cette branche du fanatisme, comme du dogme des deux principes; on seroit tenté d'en faire moins le cri-

---

nations les fragmens de Manéthon & de Sanchoniaten, Hérodote, Tite-Live, Pausanias, Josephe, Philon, Diodore de Sicile, Denis d'Halicarnasse, Strabon, Macrobe, Pline, Garcilasso de la Véga, &c. tous ces historiens s'accordent; on ne peut sans être Pyrrhoniens douter de leur témoignage. Les auteurs en particulier qui ont voulu contester l'authenticité des homicides religieux en usage chez les anciens Gaulois, n'ont pas lu les Commentaires de César, *Liv.* 6, le traité de Plutarque sur la superstition, & Lactance qui dit en propres termes: *Galli Teutatem humano cruore placabant de falsa relig. Lib.* 1. *Cap.* 21. Il est plaisant qu'on ait voulu que des Gaulois aient été plus éclairés que les Romains.

me de quelques hommes que celui du genre humain.

On ne sacrifia d'abord que des prisonniers de guerre; on osa ensuite sacrifier ses propres concitoyens; enfin on eut la pieuse barbarie de placer ses enfans même sur l'autel, pour les faire immoler par des prêtres imposteurs, à des dieux qu'ils avoient vu naître.

Il faut cependant avouer que ces derniers assassinats n'étoient en usage que dans les grandes calamités (*a*). La Nature parloit ordinai-

―――――――――――

(*a*) Sanchoniaton observe qu'alors cet acte de religion étoit réservé au souverain. *Voyez* un fragment de cet auteur cité dans Euseb. *præpar. evangel. Lib.* 4, *Cap.* 16. Il est probable que Philippe II & le Czar Pierre le Grand auroient été

rement plus haut que les Calchas; & il n'y avoit gueres que les pestes qui puſſent être expiées par des parricides.

Je ne connois chez les anciens & chez les modernes que deux peuples qui aient conſtamment & par un ſyſtême ſuivi outragé la Nature; ce ſont les Carthaginois & les Mexicains. Il y avoit à Carthage une ſtatue de Saturne toujours embraſée, à laquelle on lioit les victimes; les Suffetes y expoſoient leurs enfans, & quand la Nature leur en avoit refuſé, ils achetoient ceux des pauvres pour en tenir la place (*a*). Il

---

ravis de trouver ce prétexte pour ſe défaire glorieuſement de Dom Carlos & d'Alexiowitz.

(*a*) *Plutarch. de Superſtitione.* — Une

y a dans cet usage une complication singuliere d'atrocités; il semble qu'on lise la tragédie d'Atrée ou celle de Mahomet.

Le carnage à Mexico étoit bien plus grand sur les autels de Witziliputzili; il y avoit du tems de Motezuma tel sacrifice qui coûtoit la vie à vingt mille hommes, & le grand prêtre se plaignoit encore que son dieu mouroit de faim (*a*).

---

mere étoit obligée d'assister au sacrifice de ses enfans, & si elle étoit triste, on la mettoit à l'amende. *Plutarch. ibid.* — Il y avoit même des dévotes à Saturne qui caressoient leurs enfans au milieu des flammes dans la crainte qu'une victime gémissante ne déplût à la divinité. *Tertull. in apologet.*

(*a*) Histoire de la conquête du Mexique, par Solis, *Tom.* 2.—Quelques peu-

De la Philosophie

Il y avoit dans Sparte une tradition fabuleuse qui fit disparoître pendant quelque-tems l'usage d'appaiser le ciel en répandant le sang des hommes. La peste ravageoit depuis long-tems cette ville ; on consulta l'oracle d'Apollon, & le dieu répondit qu'il falloit immoler une jeune fille noble pour faire cesser la

---

ples de cet empire ayant été battus par Cortez, lui envoyerent, pour obtenir la paix, des ambassadeurs chargés de trois especes de présens : Seigneur, lui dirent ces sauvages, voilà cinq esclaves ; si tu es un dieu, nourris-toi de leur chair & bois leur sang ; si tu es une intelligence pacifique, voilà de l'encens & des plumes ; si tu es un homme, prends ces oiseaux & ces fruits. *Solis, ibid.* Cortez étoit sûrement un dieu à la façon des Mexicains.

contagion; les Ephores auſſi-tôt en conduiſirent une à l'autel; le prêtre fait briller le fer ſacré ſur ſon ſein; mais auſſi-tôt une aigle fond ſur lui, ravit le coutelas, & le laiſſe tomber ſur une géniſſe (a); l'aigle apprit l'humanité au peuple de Lacédémone, & la géniſſe fut ſacrifiée. — Si ce récit n'eſt qu'une apologie, il eſt plus utile que ceux d'Eſope & de Pilpay.

(a) *Plutarch. Collat.*

ARTICLE II.

Des meurtres ordonnés par les hommes.

Dans tout Etat bien gouverné, ce ne sont pas les hommes qui punissent, ce sont les loix.

Mais un fanatique est au-dessus des loix ; sa prévention suppose les crimes & sa haine les punit.

Si cet homme a quelqu'autorité dans sa patrie, malheur à elle ! avec des talens, il fera naître des guerres civiles ; sans talens il ordonnera des assassinats.

Voyez dans le fond de sa cellule ce religieux au teint livide & plombé, bé, qui a détesté les plaisirs dès qu'il a pu les connoître, & qui ne vit que pour prolonger la lente agonie de la mort; s'il peut espérer de faire passer dans l'ame de quelque novice tout le délire de sa brûlante imagination, ses regards mourans vont se ranimer; il lui peindra la religion chancelante qui implore son appui, l'honneur de combattre l'hydre de l'hérésie, & la gloire plus grande encore de périr en luttant contre elle ; ensuite il lui présentera le poignard d'Aod & l'épée de Judith, & lui commandera au nom de Dieu d'aller assassiner son roi.

Je ne fais qu'indiquer des régicides trop connus dans les annales de l'Europe, parce que la Société qui les a fait naître a expié le crime de son fanatisme, & que si elle a encore des membres, ils sont moins coupables, puisqu'ils commencent à être malheureux.

Je ne puis parler d'un directeur fanatique de novices qui tient dans sa main la destinée des rois, sans parler en même-tems de ce vieil de la Montagne que les Croisades ont rendu célebre (a); ce despote devoit être plus redouté en Orient que ne

---

(a) Vie de S. Louis par le Sire de Joinville. *Voyez* aussi le même fait dans Paul Venet. *Ap. Purchasis Pilgrimage*, B. 4, ch. 6, p. 317.— Ce vieil de la Montagne étoit le Sultan des Ismaëliens de l'Irak Persienne; il se disoit descendant de cet Arsace qui fonda l'empire des Parthes; on croit que le vulgaire des historiens n'a appellés ces princes assassins qu'en altérant leur nom d'Arsacides.— Voilà comme l'histoire des siecles barbares vient à nous.

l'ont jamais été les Gengis-Kan & les Timur; car il ordonnoit à ses sujets d'aller assassiner les souverains dont il avoit à se plaindre, & aussitôt il étoit obéi. Voici la méthode qu'il employoit pour créer ses fanatiques; il choisissoit des jeunes gens d'une imagination vive, & d'une complexion ardente; il assoupissoit leurs sens par le moyen d'un breuvage, & les faisoit transporter dans son palais: à leur réveil ces esclaves se trouvoient dans un séjour enchanté, où triomphoit également l'art & la nature; de jeunes beautés s'offroient à leurs regards, & leur timide résistance ne témoignoit que le desir qu'elles avoient d'être vaincues; quand ces jeunes athlétes avoient achevé leur carriere voluptueuse, on leur présentoit de nouveau le breuvage qui les avoit assoupis, & on les transportoit dans leur premiere demeure ; ils ne manquoient pas en se réveillant de rapporter le songe dont leur ame étoit si délicieusement occupée; dans ce moment le vieil de la Montagne leur faisoit entendre que Dieu les destinoit aux plus grandes entreprises, & qu'en leur faisant goûter d'avance les voluptés célestes il vouloit leur faire connoître le prix de l'obéissance aveugle qu'ils alloient jurer à leur souverain ; l'enthousiame gagnoit alors ces jeunes têtes ; ils assassinoient les princes étrangers par obéissance pour le leur ; & ils périssoient avec joie pour se réveiller plutôt dans les bras de leurs Houris.

Observons que le Jésuite & le prince des Assassins conduisent au fanatisme par deux voies directement opposées; l'un effraye ses novices par le tableau d'un supplice éternel; l'autre encourage ses ministres par la perspective riante de toutes sortes de voluptés; l'artifice du monarque n'eût peut-être pas réussi à Paris, ni celui du religieux en Orient.

ARTICLE III.

Des meurtres ordonnés par les loix.

On peut échapper au poignard d'un fanatique, mais non a des loix cruelles que le fanatisme a dictées; le sage qui les voit exécuter dans sa patrie n'a d'autre parti à prendre que de l'abandonner; c'est alors qu'il doit se sentir le courage d'être cosmopolite.

Nous avons eu pendant longtems des loix contre les sorciers, qui devoient faire trembler tous ceux qui avoient quelque goût pour l'étude (*a*). Le P. le Brun cite (*b*) onze arrêts du Parlement de Paris qui condamnent au feu les citoyens convaincus de fortileges ; le Parlement de Bordeaux dans une feule année en fit brûler 600 ; les procédures de ces cours fouveraines valoient bien celles de l'inquifition. Dans ces tems de barbarie un homme d'efprit qu'on trouvoit traçant des caracteres d'Algebre, étoit regardé comme faifant un pacte avec le diable ; & il auroit peut-être eu befoin d'être forcier

---

(*a*) Ceci rappelle le 36e canon du concile de Laodicée au 4e. fiecle. — *Les prêtres & les Clercs ne doivent être ni enchanteurs, ni mathématiciens, ni aftrologues*, &c. — Voilà les difciples d'Archimede en bonne compagnie !

(*b*) Hiftoire crit. des fuperftions, Tom. 1.

pour échapper au soupçon de sortilege.

Dans l'Isle de Madagascar les législateurs ont fait un almanach où les jours regardés comme malheureux sont marqués en caracteres de sang, & tous les enfans de l'Isle qui naissent ces jours-là doivent être égorgés (*a*).

Les Moulahs ont introduit en Perse une singuliere jurisprudence ; un Chrétien qui blesse un Musulman est mis à mort ; mais un Musulman qui tue un Chrétien ne paye à sa famille que le bled de la charge d'un âne (*a*).

Tout homme qui ne croit pas à

―――――――――

(*a*) Histoire gén. des voyages *Tom.* 32.
(*b*) Hist. des révolutions de Perse du P. du Cerceau, *Tom.* 2.

l'Alcoran ne doit pas vivre en Perse, & tout citoyen qui veut être pere ne doit pas se marier à Madagascar.

ARTICLE IV.

Des Massacres.

Il faut de grands spectacles au fanatique, comme il faut de grands crimes aux usurpateurs; le sang de quelques victimes obscures coulant sur des échaffauts ne fait qu'irriter la soif qui le dévore; il n'y en a point qui ne soit tenté de dire avec Caligula : Pourquoi le peuple Romain a-t-il plus d'une tête ?

On ne parlera point ici de la conspiration des poudres, heureusement avortée, du supplice des

Templiers, du sac de Marindol & de Cabrieres, ni même du carnage que l'esprit persécuteur a fait dans les Cevennes (*a*). On ne veut s'arrêter que sur les grands désastres que le fanatisme a fait naître sur la terre ; pourquoi s'occuper de l'incendie de quelques cabanes

---

(*a*) On peut juger des maux horribles que le fanatisme a fait dans ce siecle en Languedoc, par une lettre du célebre Flechier ; ce sage prélat écrivoit en 1704, que dans le seul diocèse de Nîmes on avoit massacré 80 prêtres, brulé 200 églises, & égorgé 4000 Catholiques. — Nous nous en vengeâmes en faisant périr 4000 hérétiques par la roue & par les flammes. — Cependant Louis XIV a le titre de Grand & Marc-Auréle ne l'eut jamais.

quand le Volcan du Vésuve enseveli sous ses laves Pompeyes & Herculanum ?

Etablissement du Mahométisme.

Le culte des dieux les plus sanguinaires tels que Saturne, Teutates, & le Mars Mexicain n'a jamais fait répandre dans son origine autant de sang humain que le culte du Dieu pacifique dont Mahomet se disoit le prophete; ce conducteur de chameaux que le comte de Boulainvillier appelle un grand homme songea un jour qu'il étoit inspiré par l'Ange Gabriël; à son réveil, il résolut d'en convaincre les Arabes ou de les égorger; ainsi un songe a fait massacrer en Asie plus de deux millions d'hommes.

Les talens de cet imposteur lui mirent les armes à la main, & la succès de ses armes servit ensuite à faire honorer ses talens : il falloit sans doute bien de l'audace pour dire à des brigands : croyez que j'ai mis la lune dans ma manche, où je vous égorge ; mais l'heureux fourbe triompha ; les Arabes à qui il parloit commencerent par trembler, & ils finirent pas croire.

Les Califes & les premiers Sultans hériterent de l'esprit destructeur de Mahomet ; ils furent d'autant plus redoutables qu'ils opprimoient également le peuple avec le despotisme & avec le fanatisme ; armés de ce double poignard il firent trembler leurs sujets & les rois.

La fureur religieuse des Musulmans s'est beaucoup refroidie ; mais il leur est resté encore un droit des gens qui sans les rendre plus puissans les rend plus odieux ; par exemple, après avoir conclu un traité de paix avec les Chrétiens, ils vont à la Mosquée en demander pardon à Dieu : ils croyent offenser l'Être suprême en ne nous traitant pas comme des tigres.

Croisades.

Il y a eu des manies particulieres à chaque siecle; celle de la Chevalerie consacra quelques extravagances; mais elle épura les mœurs & fit revivre quelque-tems parmi nous les Thésée & les Hercule; il n'en est pas de même de celle des Croisades; elle n'a racheté par aucun bien, la playe horrible qu'elle a faite à l'Humanité.

L'audace & la lâcheté furent l'appanage ordinaire des Croisés, & ces vices ne sont pas incompatibles dans l'ame des fanatiques. La fureur de répandre le sang Musulman sur le saint Sépulchre étoit telle, qu'il sembloit s'être fait une révolution dans l'esprit humain ; tout le monde partageoit le même délire ; les rois montoient en chaire pour communiquer leur enthousiasme à leurs sujets ; les seigneurs vendoient leurs terres pour acheter des équipages ; les moines paroissoient l'épée à la main sur le champ de bataille ; & le peuple les suivoit avec ardeur, ne demandant pour paye que des indulgences ; si dans ces momens de démence, un Philosophe avoit voulu plaider la cause de l'Humanité, les chevaliers & les preux de l'armée l'auroient méprisé comme un lâche ; les rois l'auroient soupçonné du crime de lése-majesté , & le peuple l'auroit brûlé comme un Athée.

Un Pape dans ces tems de barbarie jouoit dans le monde un rôle aussi grand que celui du premier des Césars; il ordonnoit, & la moitié de l'Europe se précipitoit sur l'Asie; il ne lui falloit qu'une Bulle pour embraser l'ancien Continent.

Ces émigrations cependant étoient contraires à toutes les loix divines & humaines; elles blessoient la Nature en armant les hommes les uns contre les autres; elles énervoient l'esprit de l'Evangile en consacrant les plus sanglantes usurpations ; elles apportoient en Asie les vices des Chrétiens , & en Europe ceux des Musulmans.

On croyoit dans ce tems-là qu'avec une croix brodée sur son épaule, on rachetoit toutes les foiblesses de sa vie; ainsi Louis le jeune pour expier le crime d'avoir brûlé trois cens personnes dans une église , fit vœu d'en aller maſſacrer cent mille en Paleſtine.

Il ne faut pas trop reprocher au magnanime Louis IX, les Croiſades de ſon regne ; ce monarque tempéra par ſon humanité les fougues du fanatiſme ; il eut des vertus à lui, & le crime qu'il commit en ſe croiſant deux fois eſt le crime de ſon ſiecle.

L'Europe ſe reſſent peut-être encore du tort que les Croiſades ont fait à la population ; nous avons perdu plus de deux millions d'hommes à la conquête d'un rocher (a), & ce

―――――――――――――

(a) Le calcul eſt ſimple ; cent mille hommes périrent dans les deux Croiſades de S. Louis ; cent cinquante dans

rocher est encore aux Musulmans.

Lorsque les Papes furent las de faire massacrer des Infidéles par des

---

celle de Barberousse; trois cent mille dans celle de Philippe Auguste & de Richard, roi d'Angleterre; deux cent mille dans celle de Jean de Brienne, & environ seize cent mille dans les Croisades antérieures; ainsi ces émigrations ont coûté à l'Europe 2350000 hommes.—Mais les Croisades n'eussent-elles coûté la vie qu'à un seul Musulman, la conquête étoit encore un crime & les Croisés des assassins. Au reste, on a vu même des historiens contemporains s'indigner du délire sacré des Croisades; voici un texte assez singulier, tiré d'une ancienne Chronique des Normands :.. *Ludovicus* (*Septimus*) *Rex Francorum & socii ejus ... præsente Eugenio Papâ in expeditionem Hyeroso-*

DE LA NATURE.

Chrétiens qui étoient massacrés à leur tour; ils s'aviserent de publier des Croisades contre les hérétiques ; telle fût l'origine du désastre des Albigeois; on les égorgea afin de les convertir.

Les premieres Croisades furent l'ouvrage des siecles d'ignorance ; mais l'idée fanatique de convaincre les hérétiques les armes à la main

―――――――――――

lymitanam ituri , à Parisiis excesserunt . . . tribulationem & miserias in ipso itinere perpessi sunt . . . quia enim de rapinâ pauperum & Eclesiarum spoliatione , illud iter ex majore parte incæptum est . . . nil prosperum vel memoriâ dignum in illâ peregrinatione actitatum est. — *Voyez* le recueil des historiens de Normandie par Duchêne, *pag.* 977.— Cette citation prouve que dans ces tems malheureux tout le monde n'étoit pas barbare.

appartient également aux fiecles barbares, & aux fiecles éclairés; il y a bien du rapport entre les maſſacres des Cevennes & les Croiſades contre les Albigeois.

Etablissement du Christianisme dans les Indes.

A Dieu ne plaise que j'attribue à la plus pacifique des religions les désordres des fanatiques qui s'honorerent du titre de ses ministres; quand l'Instituteur de ce culte sublime ne mériteroit pas notre hommage, comme Fils de Dieu, il faudroit encore lui élever des autels comme au seul Législateur qui a apporté sur la terre une morale parfaitement épurée; comme à une Intelligence supérieure, seule digne de faire parler le ciel & de pacifier la terre.

Des souverains plus pieux qu'éclairés ont cependant réussi à rendre ce culte odieux à quelques peuples, en cherchant à l'étendre par des voies mahométanes: l'épée de Charlemagne ne fit des Saxons que des apostats; les violences qu'on a employées pour convertir le Nord l'ont empêché de s'affermir dans la foi (*a*); mais rien n'a plus révolté les gens de bien que les fureurs des Européens dans les Indes pour y former des prosélytes; la religion la plus sainte ne s'étendoit dans le Nouveau-Monde que comme l'élément du feu qui ne se nourrit qu'à force de détruire.

Les premiers conquérans ne cher-

(*a*) Lisez-en les détails *Histor. Suecorum Gothorumque Eclesiast.* Lib. 4; mais lisez sans préjugés.

cherent

cherent qu'à ufurper, & à faire des efclaves; mais quand leur autorité commença à s'affermir, il vint de l'ancien Continent des inquifiteurs plus féroces que Pizarre & Cortez, qui ne confolerent les fauvages de la perte de leur liberté, qu'en les faifant brûler en cérémonie dans leurs Auto-da-fés.

Les Américains en vinrent à un tel excès de haine contre la perfonne de leurs conquérans, & contre leur religion, que leurs femmes fe faifoient avorter (*a*), pour dérober leurs enfans à un double efclavage.

Barthélemi de las Cafas, l'auteur

(*a*) Relation de Thomas Gage, *pag.* 58.

le plus exact & le plus judicieux qui ait peut-être écrit fur le Nouveau-Monde, fait monter à plus de douze millions le nombre des victimes que la rage de conquérir & celle de perfécuter ont fait périr dans les Indes (*a*); c'eft au prix de ces terribles

───────────────

(*a*) S'il y eut jamais une caufe célebre, c'eft celle d'un hémifphere entier, que le refpectable évêque de Chiapa vint plaider dans fa vieilleffe au tribunal de Charles-Quint contre les conquérans & les inquifiteurs, les deux plus grands fléaux de ces tems-là. Le docteur Sepulveda fut chargé de lui répondre; il ne nia point les faits; mais il dit que les Américains méritoient leurs défaftres, & comme fodomites & comme antropophages. — Ce fophifte juftifioit des affaffinats par des calomnies.

désastres que nous avons acheté le droit inestimable de transporter en Europe la cochenille & le germe des maladies vénériennes.

Massacre des Protestans.

L'USAGE féroce de massacrer des sectaires pour les convaincre de leurs erreurs est fort ancien. Nous lisons dans l'histoire de l'empire Grec qu'une princesse Théodora qui vouloit convertir les Pauliciens, en fit égorger cent mille en Asie (*a*) pour

---

(*a*) Mainbourg, hist. des Iconoclastes, *Liv.* 6. — Que cette Théodora, Charles IX & leur imitateurs, forment un singulier contraste avec Sabbacon, roi d'Egypte, qui, ayant reçu en songe l'ordre de faire mourir tous les prêtres de ses états, jugea que les dieux étoient irri-

ramener à l'Eglife ceux d'Europe. L'Angleterre a eu une Théodora ; c'eft cette princeffe Marie qui eut la férocité & les foibleffes de Philippe I, fon époux, fans avoir fa politique ; qui ne vécut que pour perfécuter les Proteftans, & qui tenta d'anéantir le nom d'Elifabeth qui l'a fait oublier. Dans l'intervalle de trois ans elle fit brûler 277 perfonnes pour caufe de religion ; il y avoit dans ce nombre 55 femmes & 4 enfans (*a*) ; fon ame, petite & cruelle, fembloit animer tous les

---

tés contre lui, puifqu'ils ceffoient d'être humains, & abdiqua la royauté. *Diod. Sic. Lib.* 2.

(*a*) Hift. de la maifon de Tudor de David Hume, *Tom.* 1 de *l'édit. in*-4°. *Pag.* 536.

membres de la juſtice ; on peut en juger par ce trait. — On conduiſit au ſupplice une femme de Guerneſey qui étoit ſur le point d'accoucher; les douleuts firent en elle une révolution ſi grande qu'elle ſe délivra de ſon fruit au milieu des flammes ; auſſi-tôt un garde ſe précipite vers le bûcher pour ſauver l'enfant ; mais un juge l'arrêta en diſant: que c'étoit un crime de laiſſer vivre le fils d'une hérétique (*a*), & l'enfant fut conſumé avec ſa mere.

Il eſt prouvé que dans les Pays-Bas ſeuls, un édit de Charles-Quint contre les Reformés, fit pendre, enterrer vif, ou brûler cinq mille per-

---

(*a*) *Voy.* l'hiſt. d'Angleterre de Burnet, Tome 2, pag. 337.

sonnes (*a*). On a donné le siecle dernier en France un édit moins cruel, mais dont les suites ont été encore plus fatales; Charles-Quint eut les grands talens, la petite vanité, le bonheur, & le zele inconsidéré de Louis-XIV.

Tous les François connoissent les événemens atroces de cette journée de saint Barthélemi, où Médicis & Charles IX ordonnerent à la moitié de la nation d'égorger l'autre, & où le fanatisme obéit avec tant de succès au despotisme: plus de cent mille Protestans périrent de la main des Catholiques, & pour qu'il ne manquât aucun tableau à cette

---

(*a*) Frapaolo hist. du Conc. de Trente, *Liv.* 5.

scene sanglante, le roi lui-même tira sur ses sujets, & le Parlement donna un arrêt pour célébrer l'anniversaire de cette horrible catastrophe (*a*).

(*a*) Je voudrois que dans toutes les familles on fît apprendre par cœur aux enfans le second chant de la Henriade, autant pour leur former les mœurs que le goût; ne prenons que ces six vers immortels:

Ah! périsse à jamais l'affreuse politique
Qui prétend sur les cœurs un pouvoir despotique;
Qui veut le fer en main convertir les mortels,
Qui du sang hérétique arrose les autels,
Et suivant un faux zele, où l'intérêt pour guides
Ne sert un Dieu de paix que par des homicides!

Peut-être que si ce couplet avoit eu la célébrité de quelques vers de Ronsard, il n'y auroit point eu de journée de saint Barthélemi.

DE LA NATURE. 57

Le volcan du fanatifme femble à jamais refermé parmi nous; cependant il jette toujours de tems en tems quelques étincelles; il n'y a pas trente ans que des religieufes brûlerent en cérémonie le cadavre du frere de Coligni (a); le vertueux Calas a péri à l'âge de 80 ans fur une roue, & ce qui n'eft pas moins affreux, un François a fait imprimer une apologie de la faint Barthélemi.

Si de tels excès n'honorent plus ceux qui les commettent, cela vient

―――――

(a) La fcene s'eft paffée en Languedoc; ces religieufes trouverent le tombeau du fameux d'Andelot, en tirerent le corps, lui donnerent mille coups de couteau, & le jetterent enfuite dans le feu; le directeur du couvent affiftoit à la cérémonie, & loua avec véhémence le zele des filles du Seigneur.

d'une heureuse révolution qui s'est opérée dans les esprits ; il faut en attribuer la gloire à nos livres autant qu'à nos mœurs & à nos loix.

Massacre d'Irlande.

La journée de saint Barthélemi étoit pour l'Europe un grand exemple des effets du fanatisme national : cependant un Etat qui n'est séparé de nous que par un bras de mer, a osé depuis renouveller cette horrible expérience ; car les fautes des peuples ne sont pas moins perdues pour leurs voisins, que celles des peres pour leur postérité.

Si l'on en croit le Philosophe Hume (*a*), Onéale, le chef des assassins

---

(*a*) *Voyez* l'histoire de la maison de Stuart, *Tome* 2, de *l'édit. in*-12. On a

Irlandois, fut beaucoup plus féroce, & sur-tout beaucoup plus ingénieux dans sa férocité que notre Charles IX. On employa contre les victimes malheureuses du fanatisme, toutes les especes de tortures, & on leur fit subir toutes les agonies du désespoir; les moins malheureux de ces insulaires furent ceux qui, après avoir été dépouillés & chargés de plaies, furent lâchés dans les bois comme des bêtes féroces; on brûla les uns avec les édifices où ils habitoient ; d'autres qui capitulerent les armes à la main avec leurs meurtriers en furent ensuite égorgés. L'épidémie religieuse s'étoit communiquée en même-tems à tous les âges & à

---

analysé dans cet historien les principaux traits du tableau du massacre d'Irlande.

tous les sexes; les femmes fendoient le ventre aux femmes enceintes, & les enfans faisoient l'essai de leur barbarie naissante sur des enfans ou sur des cadavres; il y eut parmi ces assassins quelques monstres qui effacerent dans ce massacre mémorable tout ce que l'antiquité nous rapporte des Phalaris & des Caligula; ils enchaînerent de jeunes seigneurs, leur promirent la vie s'ils trempoient leurs mains dans le sang de leurs peres, & quand ils les eurent rendus parricides, ils les égorgerent. — On fait monter à deux cens mille le nombre des personnes qui périrent dans cette terrible conspiration, qui a plus dépeuplé l'Irlande qu'une peste & vingt batailles.

Puisse le tableau de tant de massacres, prouver à tous les gouvernemens qu'un fanatique eſt plus dangereux qu'un aſſaſſin, un conſpirateur & un conquérant; il ne frappe ſes ennemis qu'avec un fer ſacré ; il conſpire également contre les peuples & contre les rois; il a cent mille bras, qu'un Etat n'apperçoit que quand il en eſt renverſé.

ARTICLE V.

Conspiration générale contre les Juifs.

Tous les phénomenes que produit le fanatisme ne font pas explicables par les lumieres de la Philosophie naturelle ; je conçois fans peine que dans des contrées fujettes aux intempéries de l'air, aux inondations des fleuves, & aux tremblemens de terre, les peuples doivent avoir des mœurs dures, une législation barbare & un culte atroce; un Negre, un Japonois & un Mexicain font tentés de fe repréfenter Dieu fous les couleurs avec lefquelles ils voient la Nature, sauvage & féroce comme elle.

Je puis expliquer pourquoi sur la côte de Malabar, on regarde les Pulchis qui adorent un Être suprême & qui admettent la métempsycose, comme des êtres indignes de partager les privileges de l'Humanité, pourquoi on leur défend de bâtir des maisons, pourquoi on est en droit de les tuer au plus léger délit dont ils se rendent coupables ; ces Pulchis sont tous de basse naissance, & les Naïres qui les persécutent sont les nobles du pays ; ces seigneurs Indiens ne peuvent pardonner à des roturiers d'avoir voulu les éclairer; ils les punissent également & parce qu'ils innovent, & parce qu'ils veulent respirer l'air qu'ils respirent.

Si les Parsis ont été contraints de quitter leur patrie pour se retirer dans l'Inde ; c'eſt qu'un peuple adorateur d'un Dieu de paix, & ami des hommes, devoit être odieux à des Muſulmans & à des eſclaves ; c'eſt que Mahomet eſt le dieu de la Perſe, & que les Sophis ſont deſpotes.

Mais comment toutes les nations de ce Continent ſemblent-elles s'être réunies pour perſécuter un peuple qui ne ſemble avoir d'autres crimes que d'être Juif encore ? Par quel abſurde motif les Empereurs, les Califes, les Sophis, & les Rois de l'Europe, ont ils tramé une conſpiration générale contre des malheureux à qui on ne peut reprocher que d'exiſter dans l'opprobre ?

Si quelque conſpiration étoit néceſſaire au repos de l'Humanité, ce ſeroit celle qui tendroit à nous délivrer de ces animaux deſtructeurs, qui affoibliſſent la population dans les forêts du Nord & dans les ſables du Bilédulgerid ; ce ſeroit peut-être encore, celle qui armeroit les peuples contre les conquérans, eſpece de monſtres qui déſolent plus la terre en dix ans, que les tigres, les ſerpens, les condors & les crocodiles réunis ne l'ont ravagée depuis le commencement des ſiecles ; mais les Juifs ne ſont des monſtres ni dans l'ordre phyſique, ni dans l'ordre moral : il faut les plaindre, les éclairer, & non les exterminer (*a*).

(*a*) Il n'y a d'ordinaire que les perſonnes déja inſtruites qui liſent l'Eſprit des Loix ; voici un fragment de cet ouvrage célebre en faveur des perſonnes

Un Juif est homme avant d'être sectaire, avant d'être usurier, avant

___

qui cherchent à s'instruire ; il s'agit d'une Juive condamnée à être brûlée dans un Auto-da-fé, & qui s'adresse ainsi aux inquisiteurs. — « Nous suivons une reli-
» gion que vous sçavez vous-même avoir
» été autrefois chérie de Dieu, nous
» pensons que Dieu l'aime encore, &
» vous pensez qu'il ne l'aime plus ; &
» parce que vous jugez ainsi, vous fai-
» tes passer par le fer & par le feu ceux
» qui sont dans cette erreur si pardon-
» nable, de croire que Dieu aime enco-
» re ce qu'il a aimé......
» Vous vous privez de l'avantage que
» vous a donné sur les Mahométans, la
» maniere dont leur religion s'est établie ;
» quand ils se vantent du nombre de
» leurs fideles, vous leur dites que la
» force les leur a acquis, & qu'ils ont
» étendu leur religion par le fer : pour-

même d'être Juif; si nous voulons

» quoi donc établissez-vous la vôtre par
» le feu ?...

» Si vous ne voulez pas être Chré-
» tiens, soyez du moins des hommes;
» traitez-nous comme vous feriez, si,
» n'ayant que ces foibles lueurs de jus-
» tice que la Nature vous donne, vous
» n'aviez point une religion pour vous
» conduire, & une révélation pour vous
» éclairer.

» Si le ciel vous a assez aimé pour
» vous faire voir la vérité, il vous a
» fait une grande grace ; mais est-ce aux
» enfans qui ont l'héritage de leur pere,
» de haïr ceux qui ne l'ont pas ?....

» Si vous êtes raisonnables, vous ne
» devez pas nous faire mourir, parce
» que nous ne voulons pas vous trom-
» per. Si votre Christ est le Fils de Dieu,
» nous espérons qu'il nous récompensera
» de n'avoir pas voulu profaner ses mys-
» teres : & nous croyons que le Dieu que

DE LA NATURE. 69
qu'il cesse d'avoir un commerce illi-

» nous servons vous & nous, ne nous
» punira pas de ce que nous avons souf-
» fert la mort pour une religion, qu'il
» nous a autrefois donnée, parce que
» nous croyons qu'il nous l'a encore
» donnée......
» Il faut que nous vous avertissions
» d'une chose, c'est que si quelqu'un dans
» la postérité ose jamais dire, que dans
» le siecle où nous vivons, les peuples
» d'Europe étoient policés, on vous
» citera pour prouver qu'ils étoient bar-
» bares, & l'idée qu'on aura de vous,
» sera telle qu'elle flétrira votre siecle,
» & portera la haine sur tous vos con-
» temporains. *Esprit des Loix*, Liv. 25,
chap. 13.

Il a été un tems où l'auteur {d'un tel ouvrage, s'il avoit vécu à Lisbonne ou à Goa, auroit été brûlé sur le même bûcher avec la Juive qu'il avoit la hardiesse de défendre.

cite, & un culte abſurde, conduiſons-nous envers lui comme des hommes.

TABLEAU

Des désastres que les Juifs ont essuyés dans ce Continent (a).

ON ne parlera de cette nation que depuis qu'elle a perdu sa liberté, sa législation, & ses rois ; c'est-à-dire, depuis que le genre humain a dû respecter ses malheurs.

On passe aussi sous silence les petites vexations que de grands peu-

---

(a) Les deux principaux ouvrages qu'on a consultés pour esquisser ce tableau, sont l'histoire des Juifs de Basnage, & la grande histoire universelle Angloise.

ples lui ont fait subir, ou les grandes vexations dont les petits peuples l'ont menacée; car le poison du fanatisme est le même dans les petites démocraties & dans les grands empires, & c'est la puissance qui lui donne de l'activité.

I.

DANS L'EMPIRE ROMAIN. — Tout le monde sçait ce qu'il en coûta aux Juifs pour avoir osé résister aux conquérans du monde. Juste Lipse, qui n'aime pas moins à calculer qu'à commenter, trouve que dans le sac de Hershalaïm que nous nommons Jérusalem, il périt 1337490 hommes de cette nation (a); & on remar-

---

(a) *Just. Lipf. de Constantiâ, Lib.* 2, *cap.* 21.

quera

quera que ce fut Tite, le bienfaicteur du monde, qui mit leur ville en cendre.

Les Juifs, comme le Phœnix des anciens, fembloient renaître de leur cendre; car on prétend que fous l'empire d'Adrien, la révolte de Barchochebas en fit périr encore 580 mille par le fer des Romains, & cependant on ne compta point dans ce défaftre ceux qui moururent de faim, ou qui terminerent leur vie dans les fupplices (*a*). L'enthoufiafme de la liberté avoit fi fort gagné toute la nation, qu'on voyoit les écoliers défendre les forterefles & fe battre comme des héros. Le même fait eft arrivé dans ces derniers fiecles du-

---

(*a*) *Dio* in *Adriano.*

rant le siege de Rhodes : l'Europe éleva alors jusqu'au ciel le nom de cette jeunesse intrépide, & les Turcs mêmes en conçurent plus de respect pour les Chevaliers de Malthe ; mais les Romains, sans doute plus éclairés que les Turcs, tinrent une autre conduite à l'égard des jeunes Hébreux ; après la prise des forts, on les lioit avec leurs livres & on les jettoit dans le feu (*a*). Les ancêtres des vainqueurs avoient été plus gé-

---

(*a*) Les Juifs ne prononcent encore qu'avec horreur le nom de l'Empereur qui permit de tels attentats ; ils appellent Adrien un second Nabuchodonosor, & ils ont une Philippique qu'ils appellent Hymne, où ils invoquent le Dieu des vengeances contre ce prince barbare qui détruisit 480 de leurs synagogues. — *Lent. de Judæorum pseud. Mess. pag.* 17.

néreux envers les esclaves soulevés par Spartacus.

On parle d'une loi de Constantin qui oblige tous les Juifs à manger du pourceau le jour de Pâques (*a*); cette loi n'est que ridicule : mais celle de Constans qui punit de mort tout Juif qui épouse une Chrétienne, ou qui circoncit un esclave (*b*), & celle de Léon l'Isaurien, qui ordonne à ces infortunés de se faire baptiser sous peine d'être brûlés (*c*), sont également absurdes & barbares ; une persécution suscitée par un despote est le fléau d'un moment ; mais des loix fanatiques sont des

---

(*a*) *Eutych. annal. Tome* 1, *pag.* 466.
(*b*) *Sozomen. Lib.* 2, *cap.* 9.
(*c*) *Cedren. in Leon. Isaur.*

sources éternelles de désastres ; je les compare à ces Isles du Nouveau-Monde où Colomb trouva la plus affreuse de nos maladies, & où les navigateurs vont sans cesse chercher de nouveaux levains pour empoisonner dans notre Continent entier la source de nos plaisirs.

. II.

Sous les Califes. — Tandis que les empereurs persécutoient les Juifs pour les obliger à se faire baptiser, les Califes les tourmentoient pour les forcer à se faire Musulmans; Hakem ordonnoit aux juges d'Egypte de leur faire subir la bastonnade afin de les convertir; Motawakel les distinguoit du reste de ses sujets en leur défendant d'avoir d'autres montures que des mulets ou des ânes,

& Abdállah, un des plus célebres généraux des Arabes, les faisoit marquer à la main avec un fer chaud (*a*). Ce peuple errant, également odieux aux deux religions qu'il avoit fait naître, marchant sans cesse entre la mort & l'opprobre, & redoutant également le supplice & l'apostasie, étoit d'autant plus à plaindre que jamais la pitié de la multitude ne le dédommageoit de la haine des rois.

III.

EN ALLEMAGNE.—Le premier orage qui s'éleva sur les synagogues Allemandes vint de la part des Croisés; ces pieux insensés se croyoient

---

(*a*) *Theophan. sub A. C.* 759.

obligés en conscience de massacrer des Juifs pour se préparer au massacre des Musulmans. On commença par en brûler 1400 à Mayence ; & le zele des incendiaires fut accompagné de si peu de prudence, que l'embrasement des maisons hébraïques, entraîna celui de la moitié de la ville. A Treves, les femmes Juives voyant approcher leurs assassins, égorgerent leurs propres enfans, en disant qu'il valoit mieux les faire passer dans le sein d'Abraham que dans les bras des Chrétiens (a). La

---

(a) *Pistor. hist. Germ. Tom.* 3 *ad A. C.* 1089. — *Hist. Trev. apud Dacheri Spicileg. Tom.* 12, *pag.* 236. — Les annalistes de Baviere comptent 12 mille morts dans leur pays seulement. *Avent. ann. Bojor.* — *Lib.* 5, *pag.* 361.

...age des Croisés sembloit alors s'être communiquée à leurs victimes; mais celle des Hébreux étoit l'effet rapide du désespoir, tandis que celle de leurs persécuteurs étoit l'effet lent & réfléchi du plus fougueux fanatisme.

Le délire des Croisades cessa enfin, mais la persécution contre les Juifs subsista toujours. A Francfort on les accuse d'avoir empêché la conversion d'un de leurs concitoyens; aussi-tôt les habitans se soulevent & on fait périr 180 de ces malheureux dans les flammes (*a*): l'obéissance à un instinct de la Nature étoit punie à l'égal du parricide.

En-1286, on leur imputa dans la Baviere le crime absurde d'avoir

---

(*a*) Basnage, *Liv.* 9, *ch.* 22.

sacrifié un enfant à Adonaï ; on n'examina pas s'il étoit possible que des hommes aussi dévoués à Moyse pussent rendre à Dieu un hommage défendu par le Pantateuque, & on les brûla dans leur synagogue (*a*).

Vingt-six ans auparavant une calomnie aussi ridicule avoit soulevé contre eux une partie de l'Allemagne; un simple paysan accusa un Rabbin d'avoir volé une hostie; la populace croyant voir l'abomination de la désolation dans le lieu Saint, fondit sur les Juifs en différentes villes, & fit gloire de les massacrer (*b*).

En 1492, cette scene de fanatisme fut renouvellée à Mecklem-

―――――――――

(*a*) *Avent. annal. Bojor. Liv.* 7, pag. 441.
(*b*) *Basnage, Lib.* 9, *cap.* 23.

DE LA NATURE. 81

bourg, & on y ajouta encore de nouveaux traits d'atrocités ; un visionnaire prétendit avoir trouvé une hostie ensanglantée ; il en conclut qu'elle avoit été lacérée à coups de couteau : mais qui pouvoit lacérer une hostie sinon un Juif ? Sur cette conjecture on condamna trente particuliers de cette nation à être brûlés vifs ; leurs femmes & leurs enfans furent compris dans la même sentence, une mere au désespoir égorgea deux de ses filles pour les dérober au supplice affreux qui les menaçoit ; mais les Chrétiens arracherent la troisieme d'entre ses bras & la jetterent sous ses yeux dans le bûcher (*a*). Je m'é-

─────────

(*a*) Naucler, *Tom.* 2, *pag.* 1110.

La Philosophie a ramené l'humanité en Allemagne ; il y reste cependant en-

D v

tonne, après de tels événemens, qu'il y ait eu une seule Juive assez courageuse pour devenir mere.

---

core quelques traces de l'ancienne barbarie. — Voici le serment qu'on fait prêter en Hongrie à un Juif qui plaide contre un Chrétien : — *Je jure par le Dieu vivant, &c. Si je suis parjure, que la terre s'ouvre pour m'engloutir comme Dathan & Abiron ! que la lepre qu'Elisée ôta à Naaman retombe sur moi ! que je sois attaqué sur le champ du mal-caduc, du flux de sang & de la peste ! que mon corps & mon ame périssent ensemble ! que je n'aille jamais dans le sein d'Abraham, & qu'Adonaï m'efface du livre de vie par le pouvoir de sa Divinité !* —Corp. Jur. Hungar. part. 3, tit. 36, Tom. 1, pag. 139.

Il y a un peu loin de ce serment ridicule à la simple parole que l'Angleterre exige en justice d'un Quaker.

IV.

EN ITALIE.—Comment les Juifs Italiens auroient-ils échappé au glaive de la perfécution ?

Un décret du concile d'Elvire défend à un Chrétien de manger avec un Juif, fous peine d'excommunication.

Le tribunal affreux de l'inquifition a particuliérement été établi contre les Juifs; fans eux, les membres du faint office pourroient dire comme les prêtres du Mexique, que leur dieu eft fur le point de mourir de faim.

Les papes ont long-tems allumé les bûchers, où les fouverains de l'Europe ont fait périr quelques reftes de cette nation qui s'honore d'avoir Abraham pour pere. Jean

XXIII, au commencement du quinzieme siecle, sollicita la cour d'Espagne d'exterminer ces ennemis nés du nom Chrétien (*a*). Pie V, il y a 200 ans, fit encore mieux; il fulmina contre eux une bulle, où il les accusoit de trahison, de magie, d'empoisonnement, &c (*b*); c'étoit sonner le tocsin contre ces malheureux dans toute l'Europe; mais on feignit de ne pas l'entendre, non, qu'on eût mis dans le fourreau le poignard du

---

(*a*) La reine régente suivit les conseils du pere des fideles, força 16 mille Juifs à abandonner leur religion, & condamna les autres à divers supplices. — Salomon Ben. virg. *pag.* 312.

(*b*) *Bullarium*, Tom. 2. *Pii V. Constit.* 80.

fanatifme, mais parce que les rois ne vouloient pas le tenir de la main des papes.

Au milieu de cette conjuration générale contre l'Humanité, Venife montra toujours cette fageffe qui l'égale à l'ancienne Rome, & qui lui en affure la durée. — En 1276, on avoit accufé les Juifs de Trente d'avoir égorgé le fils d'un artifan dans un facrifice magique ; le fénat ayant méprifé cette calomnie, la fuperftition s'en confola en faifant peindre cette aventure fabuleufe dans un tableau deftiné pour une Eglife ; on eut foin d'y repréfenter les tenailles dont on s'étoit fervi pour tourmenter cet enfant, les aiguilles qu'on avoit employées pour tirer fon fang, & les coupes où on l'avoit renfermé pour le boire ; le tableau n'étoit pas de Michel Ange, mais le fpectacle qu'il offroit aux regards du peuple, fuffifoit pour échauffer fon imagination. Environ deux fiecles après, Sixte IV voulant femer la difcorde dans Venife, s'avifa de canonifer la prétendue victime des fynagogues : à peine le nouveau faint eut-il un culte particulier, que la populace de Trente fe jetta fur tous les Juifs de cette ville & les égorgea. Le fanatifme alloit fe répandre dans toutes les terres de la République, lorfque le fénat écrivit aux magiftrats de Padoue que les Juifs méritoient d'être traités comme des hommes, que le bruit répandu à Trente lui paroiffoit fans fondement, & que les fuites fatales de la canonifation du nouveau faint devoient leur naiffance à des intrigues fecretes que le sénat ne vouloit pas pénétrer (*a*). Sixte IV apprit cette nouvelle, mais il n'osa excommunier des sénateurs qui commandoient à cent mille hommes ; le tableau ne fut point lacéré, le saint resta dans la légende, mais la persécution cessa.

V.

En Espagne. — Les tyrans du Nouveau-Monde ont été aussi les persécuteurs d'Israël ; on trouve dans le code Visigoth une ancienne loi qui condamne à cent coups de fouet, & au bannissement, tout Juif qui ne

---

(*a*) *Voyez* l'ordonnance du Doge Mocenigo, datée du 22 Avril 1475, dans *Cardoso las excellencias*, pag. 27.

se feroit pas baptifer (*a*); cette loi fit quelques Chrétiens, & des milliers d'hypocrites.

Dans le treizieme fiecle, les Croifés de toutes les nations de l'Europe raffemblés à Tolede, fufciterent contre les Juifs une perfécution fi violente, que le fameux Abrabanel dit qu'elle fit fortir plus d'Hébreux d'Efpagne, que Dieu n'en avoit tirés d'Egypte par le miniftere de Moyfe (*b*). Si ce calcul n'eft pas exagéré, on ne fçauroit trop admirer la multiplication finguliere de ce peuple, malgré le code Wifigoth, le concile d'Elvire & la haine des rois.

(*a*) *Leges Vifigoth. Lib.* 12, *tit.* 3.
(*b*) *Voyez* les commentaires de ce Rabbin fur Ifaye, *chap.* 46.

DE LA NATURE. 89

Sous le regne d'Alphonſe X, trois dévots jettent un cadavre dans la maiſon d'un Rabbin, & l'accuſent de l'avoir aſſaſſiné; le peuple ſe ſouleve à l'inſtant & maſſacre à Orſona & à Palma tous les Juifs qu'il rencontre, & ſur-tout ceux dont les biens méritent d'être pillés (*a*).

Au quatorzieme ſiecle un prêtre chaſſé de ſon égliſe & un moine apoſtat raſſemblent des proſélytes, & vont à leur tête maſſacrer les Juifs dans la Navarre : ſix milles ſont égor-

---

(*a*) Salomon Ben virg. *pag.* 72—92.— Le même auteur rapporte qu'un roi d'Aragon en fit brûler 15000, qui refuſerent de ſe faire baptiſer, *ibid. pag.* 18.. — Ce calcul ſûrement n'eſt pas exact ; on ne brûle pas ainſi quinze mille hommes en tems de paix ; il faut

gés dans la feule ville d'Eftella (*a*).

Voilà donc un prêtre fcélérat, un moine apoftat, & trois dévots qui décident du fort d'une nation ! En vérité, on ne peut réprimer un fentiment d'indignation contre la nature humaine, quand on voit quelle eft l'efpece de gens qui perfécutent.

Sous le regne d'Alphonfe XI, on accufe un Juif d'avoir uriné dans un calice qu'on portoit en pompe dans une proceffion ; auffi-tôt le roi & fon confeil fignent un édit qui bannit à jamais tous les Juifs de l'Efpagne ; heureufement pour l'honneur du roi, le Prince Royal qui

---

lire avec précaution le *Schebet Juda* de ce Rabbin.

(*a*) *Bafnage, Lib.* 9, *cap.* 18.

avoit plus de bon sens que tout le conseil de Castille, demanda la révision du procès, & on trouva, après quelques recherches, que le seul coupable étoit un jeune Chrétien qui avoit, par hasard, laissé tomber un vase d'eau sur un prêtre (*a*).

Il sembloit que la découverte d'une calomnie aussi authentique, devoit ouvrir pour jamais les yeux à l'Espagne ; mais en 1492, parut un édit d'Isabelle & Ferdinand qui obligea 800 mille Juifs à s'exiler de l'Espagne ; après cet acte de piété Alexandre VI envoya à Ferdinand le titre de Catholique.

Quelque tems après, Emmanuel, roi de Portugal, qui envioit aussi le

_____

(*a*) Mariana, hist. d'Espagne, *Liv.* 15.

titre de Catholique, renchérit encore sur la barbarie de Ferdinand; il bannit les Juifs de ses Etats, & leur défendit d'emmener ceux de leurs enfans qui auroient moins de quatorze ans; cette multitude de fugitifs ne trouva pas sur la mer l'asyle que le fanatisme lui refusoit en Portugal; les capitaines des vaisseaux laisserent mourir de faim les peres, tandis que les matelots violoient les femmes, & que les enfans étoient tourmentés en Portugal pour changer de religion (*a*).

Tous les historiens ont loué l'Espagne d'avoir persécuté les Juifs, d'avoir banni les Maures, & d'avoir fait la conquête du Nouveau-Mon-

---

(*a*) Mariana, hist. d'Espagne, *Liv*. 26.

de; pour moi, je ne sçais si dix siecles de vertus pourroient effacer la mémoire de ces trois grands crimes contre le genre humain.

VI.

EN ANGLETERRE. — Le Juif & le Quaker sont aujourd'hui libres à Londres ; ils ne l'ont pas toujours été ; & c'est une consolation pour le reste de l'Europe, de sçavoir qu'il fut un tems où ces fameux Anglois furent aussi barbares qu'elle.

On croyoit assez généralement dans le onzieme siecle à la sorcellerie ; & comme c'étoit le crime de ceux à qui l'envie n'en trouvoit point d'autres, on avoit soin de l'imputer aux Juifs : quelque-uns d'entre eux s'étant hazardé d'assister au couronnement de Richard, le peuple soupçonna qu'ils étoient venu jetter un maléfice fur la perfonne du roi, & on maffacra pendant un an entier, tous les particuliers de cette nation qui négocioient en Angleterre (*a*). Dans une autre émeute populaire, les Juifs inftruits de la rage de leurs perfécuteurs s'emparerent d'Yorck, & réfolurent de s'y défendre; on fit le fiege de la ville, & bientôt ceux qui s'y étoient renfermés demanderent à capituler; cette grace, que les Anglois accorderoient aujourd'hui aux Pirates d'Alger & aux peuples antropophages du Nouveau-Monde, fut alors refufée aux defcendans d'Abraham; le défefpoir s'empara de

---

(*a*) Spicileg. d'Achery, *Tom.* 8, *pag.* 498.

DE LA NATURE. 95

ces malheureux ; ils égorgerent leurs femmes & leurs enfans, mirent le feu au palais, & s'y brûlerent (*a*).

On ne parle point ici des petites vexations faites à la nation Juive, pour la dépouiller de ses biens (*b*);

(*a*) *Polydor. Virgil. Lib.* 14, *pag.* 248.
(*b*) Jean sans Terre fit éprouver aux Juifs toute la cruauté industrieuse de Phalaris, pour leur extorquer de l'argent ; Jean de Bristol se laissa couvrir de plaies sans se racheter ; le tyran surpris de sa constance le fit délier, & ordonna qu'on lui arrachât seulement une dent tous les jours, jusqu'à ce qu'il payât la somme qu'on lui demandoit ; l'Hébreu souffrit patiemment qu'on lui en arrachât sept, mais à la huitieme il paya.— *Matth. Paris.* A. 1210.

Ce même auteur dit que Henri III, vendit les Juifs à son frere Richard,

l'indigence n'eſt rien, quand elle eſt miſe en parallele avec une mort cruelle, & encore plus avec l'opprobre.

La plus violente perſécution que la ſynagogue ait eſſuyée en Angleterre tombe ſous le regne d'Edouard; la peſte & la famine déſoloient alors une partie de l'Iſle, & les fanatiques ne manquerent pas d'attribuer ce double fléau aux Juifs; auſſi le roi, afin d'épurer l'air & de ramener l'abondance, ſe propoſa d'exterminer

---

pour le terme d'une année, afin que ce comte éventrât ceux que le roi avoit déja écorchés; le texte dit: *Ut, quos rex excoriaverat, comes eviſceraret.* — Ce Henri III enchériſſoit encore ſur la maxime tyrannique de Tibere.

tous ceux de cette nation qui n'embrasseroient pas le Christianisme. Il fit dresser pour cet effet deux pavillons sur le bord de la mer; au-dessus de l'un on avoit arboré une croix, & sur l'autre l'image du Pantateuque; on divisa ensuite les Juifs en deux corps: ceux qui voulurent embrasser le culte de leurs persécuteurs furent introduits dans le premier pavillon; les autres furent conduits dans la tente de Moyse: mais à mesure que ces derniers y entroient, on les massacroit & on jettoit leurs corps dans la mer (*a*).

Les Juifs aujourd'hui présentent au roi d'Angleterre le Pantateuque le jour de son sacre; ils sont fideles

---

(*a*) *Cardoso los excell. pag.* 382.

aux loix de l'Etat & aux ufages de la fynagogue ; ils vénerent les martyrs de leur nation, & les Anglois n'ofent prononcer le nom de leurs ancêtres qui les ont perfécutés.

VII.

EN FRANCE. — Ce n'eft point à nous François à faire des reproches aux autres nations ; nous avons été fanatiques long-tems, & la preuve que nous ne le fommes plus, c'eft que j'ai la liberté d'en faire l'aveu.

Sous Charlemagne on accufa les Juifs d'avoir appellé les Sarrafins en Languedoc (*a*) ; ce prince, qui cher-

---

(*a*) Bafnage les juftifie de ce crime, *Liv.* 9, *ch.* 3.

choit des coupables, sacrifia la nation au délire fanatique de ses sujets; il fit périr les chefs de la synagogue, & ordonna qu'à l'avenir tous les Juifs habitans à Toulouse recevroient un soufflet trois fois par an à la porte de la cathédrale. Sous le regne de Charles le Chauve, ce n'étoit plus que le syndic qui recevoit en cérémonie le soufflet au nom de la nation; on soupçonna ensuite, même en Languedoc, qu'il étoit contre le droit naturel de persécuter les enfans, parce qu'on avoit haï les peres, & personne ne fut plus souffleté.

Philippe Auguste aussi superstitieux que Charlemagne, mais plus barbare que lui, bannit tous les Juifs de France & confisqua leurs biens, pour venger un jeune homme de Paris qu'on assure qu'ils avoient crucifié (*a*) : Philippe Auguste punissoit un assassinat incertain comme un déicide.

(*a*) *Rigord de gest. Philip. August. hist. Franc. Tom.* 4, *pag.* 61.— Ce prince les rappella ensuite pour en extorquer de l'argent, mais on renouvella alors l'accusation avec des circonstances singulierement absurdes ; on prétendit qu'ils s'étoient assemblés avec la permission de la reine mere, sur les bords de la Seine, qu'ils fouetterent alors en cérémonie un jeune Chrétien, qu'ils le couronnerent d'épines, & le crucifierent ; on ajouta que le roi se trouva en personne à cet auto-da-fé, & qu'il fit brûler 80 des inquisiteurs.—Albéric *trium font. Chron. sub. anno* 1182.

On pourroit encore douter de ce fait, quand Tacite en seroit le garant ; mais Albéric étoit un moine.

Quand nos rois étoient éclairés, les Juifs n'en étoient pas plus tranquilles, parce qu'ils étoient toujours exposés à la fureur du peuple. Les Parisiens, sous le regne de S. Louis, s'imaginerent que c'étoit un usage constant dans les synagogues d'immoler des enfans à Jehovah le Vendredi-saint; aussi-tôt le peuple se souleva & massacra tous les Juifs qu'il put rencontrer; l'épidémie fanatique se communiqua dans les provinces, & on fit mourir par divers genres de supplices 2500 de ces malheureux qui ne voulurent pas abjurer (*a*). Le gros de la nation ne voyoit aucun crime dans ces assassinats; pour ceux qui étoient un peu moins barbares,

---

(*a*) Salomon Ben virg. *pag.* 417.

ils alloient l'expier par des Croisades.

S. Louis prisonnier en Asie, donna un édit qui bannissoit tous les Juifs de cette France où il ne régnoit plus (*a*); ils revinrent, & Philippe le Bel les chassa de nouveau pour raccommoder ses finances (*b*); enfin en 1358 ce peuple errant a été banni sans retour.

Le gouvernement aujourd'hui tolere les Juifs; mais s'ils prenoient des sentimens de citoyen, pourquoi ne feroit-on que les tolérer ? Ce peuple est industrieux, l'Etat pourroit donc tirer parti de son industrie : n'avons-nous pas encore des landes

―――――――――――

(*a*) Math. Paris. hist. Angl. p. 576.
(*b*) Chron. gul. de Nangis sub. A. C. 1310.

en Gascogne & en Bretagne à défricher, des monumens publics à élever, des isles à peupler, &c? L'espérance seule d'être réuni en corps de nation, lui feroit construire les pyramides d'Egypte : craint-on qu'il ne se rende indépendant? Eh! laissons-le bâtir Jérusalem au milieu des landes de Bordeaux, & nous n'en ferons que plus riches, plus puissans & plus heureux.

VIII.

EN PERSE. — La Perse est le théâtre de la derniere catastrophe que la nation Juive ait essuyée dans notre continent; l'aventure qui y donna lieu mérite d'être conservée dans les annales de la Philosophie. Dans le seizieme siecle le Sophy Scah Abbas ordonna aux Rabbins de fixer un tems pour la venue de leur Messie ; ce prince promit, s'il paroissoit alors en Perse, de se soumettre lui & ses successeurs à la loi de Moyse ; mais il exigea d'eux, s'ils étoient mauvais prophetes, de se faire Musulmans, ou de périr dans les supplices. La synagogue décida que le desiré des nations paroîtroit dans 70 ans ; le contrat alors fut signé de part & d'autre, & les Juifs taxés en attendant à deux millions d'or ; le Sophy mourut, & ses successeurs, occupés des intrigues de leur férail, oublierent le traité ; mais en 1663, Abbas II le trouva par hasard dans les archives royales, & de l'avis de son conseil il fit massacrer tous les Hébreux répandus dans ses Etats, sans distinction d'âge ni de sexe. Depuis cette saint Barthélemi, il n'est pas resté un seul Juif en Perse (*a*).

(*a*) Basnage, *Liv.* 9, *ch.* 26.

E v

LETTRE CIRCULAIRE

Du Rabbin David Ben Anrou, prince de la Captivité (*a*),

Aux Souverains des deux Mondes.

LE chef d'un peuple errant, proscrit & malheureux, mais destiné à l'empire de la terre, conjure ta ma-

---

(*a*) Le Rabbin Asiatique, qu'on regarde comme le chef de la nation Juive, prend le titre de prince de la Captivité; le premier qui le porta régnoit vers l'an

jesté de ne point traiter en tigres des êtres qui n'ont jamais cessé d'être hommes.

Successeur de David & d'Ezéchias, je devrois traiter en égal avec les rois; mais je suis contraint de descendre à la priere; l'Arche sacrée n'est plus, les saints d'Israël sont dans la tombe, & je ne commande qu'à des esclaves qui vont mourir.

---

220 de notre ere. — Calmet, diction. de la Bible, *Tome 3*, *pag.* 285. — La lettre du Rabbin David s'est trouvée en original chez les moines qui sont au pied du Mont-Liban; on l'a traduite dans le même esprit que le président de Montesquieu a traduit le fragment grec du temple de Gnide; on s'est sur-tout permis beaucoup de retranchemens; car les Rabbins sont très-féconds en mots, quoique leur langue soit très-pauvre en choses.

Du haut du Mont-Liban, dont les cedres me rappellent le temple de Salomon, dont les ruines mêmes font dispersées, j'ai promené mes regards sur la terre; j'ai vu tous les peuples conjurés contre les restes infortunés de la tribu de Juda; j'ai vu les deux Mondes s'agiter pour écraser un atôme.

Si du moins cet atôme causoit quelque trouble dans l'ordre politique des sociétés, s'il ébranloit les trônes, s'il calomnioit les peuples dans l'esprit de rois; je dirois en gémissant: Babylone est juste; mais j'adjure, au nom d'Adonaï, les souverains des deux Continens de déclarer si nous avons d'autres crimes que de descendre de Jacob, & d'être aussi fideles qu'eux au culte de nos peres.

Cependant tu permets que la calomnie répande sur nous l'opprobre qui n'eſt dû qu'à nos perſécuteurs. Si l'ennemi ravage tes frontieres, c'eſt nous qui l'avons appellé ; ſi les brigands aſſaſſinent un de tes ſujets, c'eſt nous qui l'avons crucifié ; ſi la peſte ſe répand dans ton empire, c'eſt nous qui avons empoiſonné tes rivieres (*a*); bientôt on nous punira du déſordre des élémens, & on nous imputera des crimes qui ſuppoſent

────────────

(*a*) En 1339, la peſte ravagea l'Allemagne ; les moines accuſerent alors les Juifs d'avoir empoiſonné le Rhin, & le Danube, & 12 mille hommes de cette nation furent maſſacrés ſur cette accuſation dans la ſeule ville de Mayence. *Cruſius antiq. ſuevor. Lib. 5.* — *Note du traducteur.*

dans ceux qui les commettent le pouvoir suprême de la Nature.

Ces crimes abfurdes font enfuite punis par des fupplices atroces; on fe contenta d'abord de nous accabler d'impôts onéreux (*a*), & d'expofer notre vie à la merci du premier fanatique (*b*); maintenant l'imagi-

------

(*a*) En Turquie les Juifs paient un tribut au Grand-Seigneur pour chaque enfant mâle qui naît parmi eux ; il y en a un autre pour le privilege de tenir la fynagogue, un autre pour la permiffion d'enfevelir leurs morts, un autre pour les pavillons qu'ils doivent fournir aux Mufulmans dans l'autre monde, &c. &c. la fortune d'un Juif dépend fans ceffe du caprice d'un Vifir ou de la haine du Muphti.— *Note du traducteur.*

(*b*) Les annales de Bretagne fournif-

DE LA NATURE. 111

nation ingénieuse de nos persécuteurs se plaît à multiplier les horreurs de la mort qui nous environne; le pal, la roue & les bûchers s'offrent par-tout à nos regards; on voudroit que le désespoir nous fît blasphêmer le Dieu de nos peres, & que l'effet de ces affreux supplices fût de les mériter.

Nous ne pouvons exister dans la

---

sent sur ce sujet un fait remarquable.— Les états de cette province, qui avoit alors ses souverains, statuerent en 1239, qu'un débiteur qui auroit un Juif pour créancier, ne seroit pas obligé de le payer, & que tout Breton qui tueroit un Hébreu ne pourroit être regardé comme un assassin. — D'Argentré, hist. de Bret. *Liv.* 4, *ch.* 23. — *Note du traducteur.*

société, sans avoir des rapports avec elle; que les tribunaux de sang qui se sont érigés contre nous décident donc sous quels titres nous vivons dans tes Etats. Sommes-nous des ennemis ? sois assez généreux pour nous combattre à armes égales. Sommes-nous tes sujets? juge-nous par tes loix. Sommes-nous enfin des étrangers ? laisse là ton code & ton épée, & juge-nous par les loix éternelles de la Nature.

Ton rang & tes adulateurs te rendent barbare; mais la Nature t'a fait humain : consulte donc ton cœur plutôt que tes esclaves ; ne te joue point de notre vie, puisque le ciel t'en a confié le dépôt; n'imite pas ce Muley Ismaël (*a*), qui pour mon-

---

(*a*) On ne peut fixer la date précise

trer la bonté de son cimeterre, abat tous les vendredis les têtes de cinquante chrétiens.

Je n'écris point pour tes inquisi-

---

de la lettre de David; mais il paroît par le trait historique qu'il rapporte, qu'il vivoit sur la fin du dernier siecle ou au commencement de celui-ci; car Muley Ismaël ne mourut qu'en 1727, après une tyrannie de 55 ans. Cet empereur de Maroc est célebre dans les annales Musulmanes: un jour il poignarda sa maîtresse favorite pour avoir marché sur un peu de farine; au moment où elle expiroit, il appella un Chirurgien Maure, & lui ordonna de guérir cette femme sous peine d'être étranglé. — Ces despotes sont d'étranges gens; ils ressemblent presque tous à celui de la comédie Italienne qui dit à Arlequin, bourreau, fais-moi rire...... *Note de l'éditeur.*

teurs (*a*), qui s'abreuvent de sang comme les prêtres de Saturne; les grands qui t'environnent sont trop intéressés à te cacher la vérité; ton peuple n'est pas à portée de m'entendre; c'est toi seul que je voudrois persuader; ma nation est charmée

---

(*a*) Tous les souverains n'ont pas adopté le délire religieux de l'inquisition; ainsi il y avoit sûrement des variations dans la lettre circulaire du Rabbin. S'il m'étoit permis d'établir ici quelques conjectures, je dirois que la lettre qu'on traduit est probablement adressée au roi d'Espagne. Tel étoit aussi l'avis de l'archevêque Arménien de Tarse que nous vîmes à Paris en 1765, prélat plein d'érudition & de gaieté, & dont les bons mots ne cessoient pas de l'être dans la bouche de son interprete. — *Note de l'éditeur.*

que les loix t'aient fait despote : tu diras un mot, & tes sujets deviendront des hommes; tu diras un mot, & nous serons heureux.

On prend par-tout le soin de nous convertir pour prétexte à la rage de nous proscrire; mais si notre culte n'est point opposé au repos des hommes, quel droit ont les souverains de s'établir juges entre nous & l'Être suprême ? l'envie de nous rendre heureux quand nous ne serons plus, ne doit pas engager les gouvernemens à rendre malheureuse notre existence. Dois-je embraser les Mosquées d'Ispahan pour en faire servir les cendres à engraisser les provinces de la Perse ?

Ce principe ne seroit bon, que dans le cas où la terre entiere se réuniroit dans le même culte religieux, où la théocratie seroit le gouvernement du genre humain, & où tous les peuples deviendroient Ifraëlites, faveur que Jehovah (*a*) a promife à

(*a*) *Jehovah*, fuivant M. Forbes, Lord préfident des affifes d'Edimbourg, signifie l'Etre par excellence ; on en a fait dériver le *Zeus* des Grecs, & même le *Jupiter* des Latins ; car, difent les commentateurs, efpece de gens fort heureux en étymologies, on prononçoit primitivement *Jovis pater* au lieu de *Jupiter*. ce qui fuppofe que les anciens prêtres du Capitole prenoient indifféremment le fils pour le pere, & Saturne pour le monftre qui le fit mutiler.

On remarquera que dans le texte de la lettre de David le nom de *Jehovah* fe trouve en blanc ; les Rabbins regardent comme un crime de prononcer ce nom ineffable, & ils ont écrit que quiconque pourroit articuler ce mot avec la vraie

nos propheteş, & à nos Rabbins... Amen.

Mais dans ce siecle absurde & barbare, que gagnerions-nous à embrasser ta croyance ? Si tu me persécutes pour faire de moi un Chrétien, le Sophi a droit d'en faire autant pour me rendre Musulman ; les descendans d'Abraham seront donc obligés de changer de cultes comme de climats, d'adorer un prêtre en Tartarie, le grand Lievre au Canada, & un Hanneton chez les Caffres.

Tu dis que c'est la vérité qui te donne le droit de persécuter ; mais

---

prononciation feroit des miracles. Ce secret peut être mis avec celui de la pierre philosophale, & du grand-œuvre. — *Note du traducteur.*

pourquoi l'erreur ne le partageroit-elle pas? l'erreur ne se croit-elle pas toujours la vérité?

La vérité!— Il sied bien à des apôtres d'un jour de prononcer ce nom auguste. Quelle est la religion que je n'ai pas vu naître ? mon culte existoit dans l'idée d'Adonaï, tandis que le germe de l'univers étoit encore dans le néant.

Il n'y a point de loi intermédiaire entre Moyse & la Nature; mais vous, Chrétiens, vous avez succédé à Moyse, & Mahomet vous a succédé.

L'arbre sacré que planta notre législateur, a produit deux branches immenses qui couvrent aujourd'hui les deux tiers de la terre. Est-ce aux hommes qui reposent sous l'ombrage de ces branches à frapper le tronc & à ébranler les racines? Est-ce à des fils à déchirer le sein de leur mere, & à Samarie à préparer la chûte de Jérusalem ?

Tes prêtres se vantent sans cesse d'avoir épuré notre morale ; mais quel est le plus humain, aux yeux du Dieu vivant, du Chrétien qui fait des prosélytes au milieu des roues & des bûchers, ou de l'Hébreu qui périt & pardonne ?

Vois quelles affreuses conséquences on peut tirer du système destructeur de ton Inquisition : tu me dépouilles de mes biens pour me forcer à être apostat ; mais si je suis fidele à ma loi, tu as donc le droit de m'arracher la vie ; & si mon ame intrépide s'éleve au-dessus des terreurs de la mort, tu peux donc sans crime attenter à mon honneur ; tous ces anneaux appartiennent à la même chaîne ; ainsi c'est en outrageant les mœurs que tu étendras l'empire de tes loix.

La violence ne désigne pas l'équité, mais le pouvoir ; si jamais la cause que nous défendons dut nous paroître juste, c'est depuis que tous les sectaires se réunissent à nous persécuter ; la vérité semble si étrangere à l'homme, que l'opprimer c'est la faire reconnoître.

Veux-tu faire soupçonner à mon peuple la vérité de ta religion ? regarde-nous comme tes freres, toi, qui regnes sur un point de ce globe; puisque Dieu qui est le souverain de mille mondes, nous regarde tous comme ses enfans.

Je me suis jusqu'ici énoncé avec fierté; mais c'est le langage de l'innocence ; je t'ai cru assez grand pour mériter de l'entendre.

On dit que le soleil ne cesse jamais
de

de luire fur tes états (*a*) : rends ta gloire encore plus folide ; fais-y briller le foleil de l'équité ; fois le bienfaiteur d'un peuple immenfe, au lieu d'en être l'affaffin ; nous croirons alors retrouver dans ton empire les palmiers de Jéricho, les rivages du Jourdain & le temple augufte de Salomon ; & moi, le fuccefleur de ce prince, je me croirai trop ho-

***

(*a*) Ce mot de Philippe II, cité par le Rabbin, démontre que cette lettre étoit deftinée à un roi d'Efpagne. — *Note du traducteur*. — Mais ce roi n'étoit sûrement pas Philippe II, le Tibere de l'Efpagne & le Caligula du Nouveau-Monde ; David n'auroit pu lui écrire qu'il étoit affez grand pour mériter d'entendre la vérité. — *Réflexion de l'éditeur.*

Tome II. F

noré de devenir le premier de tes sujets.

Le Rabbin DAVID BEN ANROU, prince de la Captivité.

ARTICLE VI.

De l'Inquisition.

ON doit s'étendre un peu dans un ouvrage de la nature de celui-ci sur le tribunal de l'Inquisition ; soit parce que c'est un monument toujours subsistant du fanatisme ; soit parce qu'il blesse encore moins les loix positives qu'il n'outrage la Nature.

L'Inquisition, instituée par des moines, & protégée par des papes, a pour but d'envoyer aux enfers dans l'autre monde, & d'en établir un en celui-ci.

Elle procede contre les hérétiques

& contre les Juifs; les crimes de ces derniers sont de manger du lard, de mettre un crucifix sous les coussins de leur fauteuil, & sur-tout d'être trop riches (*a*).

Ce tribunal n'attaque point les Athées; il fait brûler à petit feu l'Hébreu qui adore le grand Jehovah, & le Chrétien qui croit aux principes de Zwingle ou d'Œcolampade; mais il laisse tranquille celui qui ne croit rien.

Les chefs d'accusation sont: 1º. l'hérésie; 2o. le soupçon d'hérésie; 3o. la protection qu'on accorde aux hérétiques; 4o. la magie noire; 5o. le blasphême; 6o. les injures contre les Inquisiteurs: ce dernier attentat

---

(*a*) Voyages de Pyrard, *Liv.* 2, *ch.* 6.

est celui dont il est le plus difficile d'être absous.

Les Inquisiteurs ne reconnoissent point la voie de la prescription, & cinquante ans de remords n'expiéroient pas le crime d'avoir appellé un Jacobin fanatique.

La jurisdiction du saint office s'étend sur les morts, comme sur les vivans; on fait le procès à la mémoire d'un citoyen suspect; on déterre son cadavre; on brûle ses ossemens, & sur-tout on confisque ses biens, en les enlevant à ses héritiers.

Dès que les Sbirres ont renfermé un homme à l'Inquisition, il est défendu de plaider pour lui, ou de demander sa grace; un Inquisiteur ne représente que le dieu des vengeances.

Un accusé est contraint, sous peine d'excommunication majeure &

du supplice du feu, de déclarer tous ses complices ; un ami doit trahir son ami ; un fils dénoncer son pere, &c. S'il n'a point de complices, il faut qu'il s'en donne ; il y a du danger à être vrai, mais il n'y en a point à être calomniateur.

On accorde à un captif à-peu-près autant de terrein dans son cachot, qu'à un cadavre pour sa sépulture.

Il est défendu à un prisonnier de pleurer & de gémir : s'il s'en trouve plusieurs dans le même cachot; l'un est puni pour avoir soupiré, & l'autre pour ne l'avoir pas dénoncé.

On s'attend bien qu'un tel tribunal doit admettre toutes les especes de questions ; ordinairement un accusé avoue à la torture tout ce que lui demandent ses juges, & après ce supplice, il fait son désaveu. Une religieuse, nommée Soarès, subit trois questions avec une intrépidité qu'on auroit admirée dans Régulus ; les Inquisiteurs étonnés de la constance de cette héroïne userent envers elle de clémence ; ils ne la condamnerent qu'à être fouettée publiquement dans les rues de Goa, & à un exil de dix ans.

Les Diminutos, c'est-à-dire, ceux dont les aveux sont insuffisans, restent quelquefois toute leur vie dans les cachots où on les a renfermés : quarante Diminutos s'étranglerent pendant la même nuit, de désespoir, dans les prisons de l'Inquisition de Desman.

Quand on a le bonheur d'échapper au supplice, on jure sur l'Evangile qu'on gardera un secret inviolable sur les horreurs de sa captivité; & s'il se trouvoit un homme assez audacieux pour faire alors son apologie, on l'arrêteroit de nouveau & on le brûleroit fans rémiffion au premier Auto-da-fé (*a*).

On met prefqu'autant de pompe dans un Auto-da-fé qu'au facre d'un roi ; on tâche d'en faire un fpectacle qui puiffe amufer tout le monde, excepté les patiens, revêtus d'un Sammarra (*b*), qu'on va brûler, & ceux qui font habillés d'un San-bénito (*c*),

───────────

(*a*) *Voy.* le voyage de Deffon dans l'hift. des Inquif. *Tom.* 2, *Liv.* 5 ; c'eft de cet ouvrage qu'on a tiré les principaux faits de cet article.

(*b*) Dalmatique fur laquelle eft tracé le portrait du coupable, porté fur des tifons embrafés, avec des flammes qui l'enveloppent & des démons qui attifent le feu.

(*c*) Autre dalmatique de toile jau-

& qui pour le moment ne feront que témoins de la brûlure.

Après l'exécution on porte en cérémonie dans l'Eglife des Jacobins, les portraits des coupables : leurs têtes font toujours appuyées fur des tifons & entourées de diables ; on a foin de graver au bas leurs noms, leur famille, leur patrie, le nom de leurs peres, & l'année où ils ont fubi leur fupplice. On a pris moins de précaution en France pour éternifer l'horreur du régicide des Damien & des Ravaillac.

Comme l'Inquifition ne peut pas toujours brûler des Juifs & des hérétiques, elle s'amufe dans fes loi-

---

ne, où font peintes en rouge des croix de S. André.

F v

firs à brûler les livres des Philosophes : elle fit subir ce sort aux ouvrages de Galilée, parce qu'il soutenoit que la terre tourne, & aux méditations de Descartes, parce que cet homme célebre avoit osé créer de nouvelles preuves de l'existence de Dieu.

Ce tribunal formidable a long-tems établi le centre de sa résidence à Madrid, à Lisbonne, à Goa & dans les Colonies Espagnoles & Portugaises du Nouveau-Monde ; on a observé que par-tout où son despotisme avoit quelqu'activité, le peuple fuyoit son voisinage, comme on fuit celui d'un volcan dont on craint les éruptions ; & si les gouvernemens n'avoient de tems en tems, par leurs loix, encouragé les citoyens contre le fanatisme, les plus grandes villes n'auroient bientôt été peuplées que de moines, de captifs & d'Inquifiteurs.

Il eft étonnant que toutes les puiffances ne fe foient pas réunies pour éteindre cette finguliere jurifdiction qui a établi fur la terre un code nouveau de perfidie, qui outrage les vivans & flétrit les morts, & qui eft en même tems l'horreur des peuples & le fléau des rois.

Dès l'an 1322, la congrégation du faint office févit contre un Vifconti, fouverain de Milan, le déclara hérétique, & défendit d'avoir aucun commerce avec lui & avec fes fujets; quelques mois après les princes de la maifon d'Eft effuyerent de fa part les mêmes outrages: les papes étayoient alors de leurs bulles les décrets des Inquifiteurs.

Quand ce tribunal fe crut folidement affermi, il chercha à ébranler

F vj

les premiers trônes de l'Europe. On l'a vu faire le procès à la mémoire de Charles-Quint, condamner au feu fon teftament comme hérétique, & ordonner de brûler fur le même bûcher, l'archevêque de Tolede, le prédicateur & le directeur de l'empereur, pour avoir été bons citoyens.

La fcene la plus horrible du fanatifme des Inquifiteurs s'eft paffée en Portugal. Dom Juan IV avoit pendant fon regne défendu fes fujets contre les ufurpations des moines (a); après fa mort l'Inquifition

---

(a) Ce prince donna un jour aux fanatiques un grand exemple d'humanité; il demanda au grand Inquifiteur, au profit de qui devoit tourner la confifcation des biens des hérétiques : le moine, qui

le déclara excommunié, & fit déterrer son cadavre; sa veuve & ses enfans se souillerent d'un crime peut-être encore plus grand; ils permirent aux Jacobins de l'absoudre.

On juge sans peine que des Inquisiteurs qui attaquoient impunément les rois sur leur trône, & dans l'asyle sacré de la tombe, devoient peu ménager le sang des peuples. Il s'est trouvé parmi eux des monstres à qui il n'a manqué que de vi-

―――――

vouloit se procurer sa bienveillance, répondit que le trésor royal devoit se les approprier: Eh bien! dit Dom Juan, *puisque les biens de ces proscrits m'appartiennent, je les leur rends, qu'ils en jouissent, & qu'ils bénissent ma mémoire. Voyez* hist. des Inquis. *Tom.* 2, *Liv.* 4.

vre dans les tems héroïques, pour augmenter le nombre de ceux dont Hercule & Théfée ont délivré le genre humain. Un Dominicain, nommé Torquemada, fe vantoit d'avoir fait le procès à cent mille perfonnes, & d'en avoir fait brûler 6000 dans divers Auto-da-fé : pour récompenfer ce grand Inquifiteur d'un zele auffi brûlant, on le fit cardinal.

Dans le fiécle des Vaudois on vit s'élever un Inquifiteur nommé Panza, qui fut long-tems le Phalaris de ces fectaires ; il faifoit expirer les uns fous les coups de verges de fer, & d'autres avec des tifons embrafés ; il y en avoit qu'il faifoit enduire de poix & brûler comme des torches au milieu des places publiques. Il s'avifa un jour d'en faire couper 80 par quartiers, & d'expofer les lambeaux de leurs cadavres fur des pieux de distance en distance (*a*); il se promenoit ensuite au milieu de ces monumens de sa rage, avec autant de fierté que Pompée & Trajan au milieu des arcs de triomphe élevés dans Rome pour désigner leur gloire & pour l'éternifer.

Pourquoi fatiguer ma plume du récit des désastres qu'a causé le fanatisme ? Si j'écris pour le peuple, mille volumes ne le convaincront pas ; si j'écris pour les Philosophes,

---

(*a*) *Voyez* les remarques de Gavin sur la bulle des Croisades.—Cet auteur observe que le pape & ses émissaires firent périr par le fer, le feu, la roue, &c. environ un million de Vaudois.—Ajoutez ce fait à l'histoire des tremblemens de terre, & des pestes célebres qui ont désolé le genre humain.

j'ai prononcé le nom de fanatifme, & le procès eft jugé : obfervons feulement qu'une pefte, une famine, un tremblement de terre, font des fléaux paffagers qui n'attaquent qu'une génération; mais l'efprit fanatique, quand il s'amalgame avec l'efprit national, rend un peuple l'éternel ennemi de tout ce qui l'environne, ou ce qui eft un mal bien plus léger, il le détruit lui-même.

CHAPITRE VII.

Réflexion philosophique & naturelle sur la Philosophie qui ne consiste qu'à détruire.

Les hommes ont presque toujours mal jugé les Philosophes ; ils les ont persécutés, quand ils étoient utiles ; ils les ont adorés, quand ils cessoient de l'être.

Il y a des tems où un Philosophe peut être regardé comme un demi-dieu parmi les nations ; c'est lorsqu'elles sont en proie à la superstition & au fanatisme, lorsque d'indignes préjugés déshonorent leurs opinions, leur culte & leurs loix; lorsque, pour les ramener à la Nature, il faut détruire également ce qu'elles font & ce qu'elles croient: les Bacon, les Galilée, les Descartes paroissent alors & donnent une secousse à l'esprit humain pour le tirer de sa léthargie; mais le premier usage que les peuples font de leur liberté, c'est de frapper leurs libérateurs.

Cependant les germes qu'ont semé ces grands hommes se développent; le mouvement philosophique se communique d'un Etat à l'autre; la révolution s'acheve, & tout le monde devient Philosophe: c'est dans ce moment que les sages de la terre sont remplacés par les sophistes. Dès qu'on ne trouve plus de préjugés à détruire, on attaque les vérités immortelles de la Nature,

& la Philosophie fait alors plus de tort au genre humain que les anciennes erreurs dont elle l'a délivré ; cependant à mesure que l'art devient moins utile, les artistes sont plus honorés ; on tremble d'imiter les hommes stupides qui mépriserent Bacon (*a*), qui exilerent Descartes, & qui brûlerent les ouvrages de Galilée, & on ne prononce qu'avec respect les noms de Chubb, de Tyndale, & de Shaftesburi.

Quand les Philosophes ont été les plus respectables des hommes, on a cabalé contre eux ; quand ils sont

---

(*a*) Ce grand homme a mis dans son testament : Je legue mon nom & mes ouvrages à la postérité ; car mon siecle ne me connoît pas.

devenus moins dignes de respect, ils ont cabalé à leur tour.

Le nom de cabale ne doit offenser personne; il est certain que dans tous les tems où les hommes de lettres ont pu faire une secte à part, ils ont cabalé pour être les dispensateurs uniques de la célébrité. De grands hommes mêmes n'ont pas été exempts de cette foiblesse : voyez Port-Royal ; jamais on a vu sur la terre de société qui ait rendu plus respectable le génie & la vertu ; cependant ces solitaires célebres n'étoient pas exempts de quelques préjugés qui ne conviennent qu'à des sectaires. Arnaud doutoit que les jésuites pussent produire un bon géometre, & Paschal faisoit l'éloge des Enlumineures (*a*).

(*a*) Ridicule déclamation en vers,

Je ferois tenté de pardonner à des hommes de génie de vouloir afservir tous les êtres qui penfent à leurs opinions littéraires ; mais je ne vois qu'avec douleur que des Philofophes cabalent pour faire du fcepticifme la religion de la terre ; on diroit qu'ils cherchent moins à m'éclairer qu'à me rendre infortuné.

J'étois heureux & tranquille dans ma croyance ; obfervant avec fimplicité les loix fociales, fidele au culte de ma patrie, & efpérant de me repofer un jour dans le fein du Dieu que mon pere en expirant avoit invoqué ; pourquoi un écrivain téméraire vient-il renverfer l'édifice

---

contre les jéfuites, dont on voit un grand éloge dans les Provinciales.

de mes connoiſſances ? Pourquoi cherche-t-il à anéantir dans un inſtant cinquante années de vertu ? Pourquoi m'expoſe-t-il à vivre dans la crainte & à mourir dans les remords ?

Qu'on ne diſe point que ma religion n'eſt qu'un tiſſu de préjugés qui déshonorent l'être qui penſe ? C'eſt bien à des Philoſophes que j'ai vu naître à attaquer un culte qui ſubſiſte depuis la naiſſance des âges ! j'exigerois autant de preuves pour juſtifier leur incrédulité, qu'ils en exigent de moi pour juſtifier ma croyance.

Je ſçais que les hommes ont défiguré l'ouvrage de Dieu & de la Nature ; mais ces préjugés même deviennent une nouvelle preuve de ſon authenticité ; comme les faux calculs ſur la quadrature du cercle démontrent l'excellence de la géométrie.

Mais accordons pour un moment à Freret & à Shaftesburi que tous les cultes de la terre sont des préjugés ; ce blasphême ne les rendra pas plus conséquens ; la Philosophie ne consiste pas à détruire tous les préjugés. Combien y a-t-il d'institutions sublimes fondées sur eux, & qui font la gloire des peuples & des législateurs ? L'honneur lui-même considéré sous certains points de vue n'est-il pas un préjugé ? Ainsi quand même la religion qui fait notre bonheur ne seroit que le fruit de l'imposture, le Philosophe devroit encore la respecter ; il devroit préférer les ténebres d'une erreur utile au genre humain, à l'affreuse lumiere de la vérité.

Comment un Philosophe auroit-il le droit de renverser le culte de l'Etre suprême, puisqu'il n'a pas même celui de le juger ? En effet, les connoissances humaines n'ont aucun rapport immédiat avec les principes religieux qui sont gravés dans le cœur des hommes : si les mathématiques étoient liées essentiellement avec les vérités qu'on doit croire, la religion ne seroit faite que pour les sçavans ; d'un autre côté, si ces vérités étoient essentiellement opposées aux axiomes éternels de la géométrie, elle ne seroit bonne que pour le peuple. — Non, non, la religion fait un science parfaitement isolée, qu'on ne sçauroit combattre qu'avec des sophismes : elle est faite indifféremment pour tous les hommes, & la Nature la démontre également à Newton & au plus stupide des Algonquins.

Descendons de la Nature aux cultes

cultes établis fur la terre : un Philofophe n'a pas même droit d'écrire contre la religion de fes peres, parce que certains dogmes qu'elle propofe étonnent fa raifon ; c'eſt être de mauvaife foi que de juger d'une fcience par le voile léger qui la couvre, & non par les traits de lumiere qu'elle laiffe échapper de toutes parts. Le point mathématique, le calcul des infiniment petits, la confidération de ces lignes, qui, en s'approchant fans ceffe, ne parviennent jamais à fe rencontrer, font autant d'écueils pour l'intelligence des géometres. En conclurez-vous qu'Archimede & Bernouilli font des impoſteurs ? Feçez-vous avec Hobbes un nouveau livre contre la géométrie ?

Voici une remarque qui peut faire tort aux deſtructeurs de la religion naturelle. Il eſt preſqu'impoſſible que les perſonnes qui ont reçu de la Nature une grande ſoupleſſe dans les organes, beaucoup de fineſſe dans le tact, & un cœur très-ſenſible, favoriſent une doctrine qui tendroit à l'Athéiſme ; il eſt auſſi eſſentiel à leur bonheur d'adorer un être & d'aimer les autres, que d'exiſter ; le ſilence de la Nature reſſerre leurs cœurs comme la vue d'un champ de bataille hériſſé de cadavres.

Pour l'Athéiſme, quand il n'annonce pas un cœur corrompu, il ſuppoſe du moins une ame triſte & glacée ; d'ordinaire un Athée eſt un homme blaſé, ſes paſſions n'ont plus d'énergie, ſon imagination eſt froide, comme il ſe repréſente la Nature.

S'il peut y avoir un homme de bonne foi qui ſoit ſans religion, c'eſt un sçavant égaré par l'esprit de système, dont les études profondes ont émoussé l'activité des organes, & qui cesse de croire, parce qu'il cesse de sentir. Tel étoit l'auteur célebre de la lettre de Thrasibule, l'homme de l'Europe qui avoit acquis le fonds le plus prodigieux de connoissances; mais sans tempérament, sans ame & sans génie.

Bacon, Locke, Malebranche & Newton qui étoient aussi Philosophes que Freret, mais qui avoient plus de sensibilité, furent des hommes religieux; ils ne prononçoient qu'avec respect le nom de l'Être suprême; ils avoient trop étudié les grands effets de la Nature, pour ne pas adorer la premiere cause.

Pour les hommes dont l'imagination ardente & la finesse du goût trahissent la sensibilité, ils sont na-

G ij

turellement pieux. Voyez Paschal, Fénelon, le docteur Young, & surtout l'immortel Racine ; on n'auroit pu leur ravir Dieu sans leur ravir en même tems la moitié de leur existence.

Il me semble que la dévotion dans un beau génie nourrit l'imagination; le langage de l'une & de l'autre est le même : les lettres latines d'Heloïse à Abailard me paroissent des poëmes pathétiques ; & je regarde les nuits philosophiques d'Young, comme un livre ascétique & un monument de génie.

Quel est l'homme sensible qui pourroit s'accommoder d'une doctrine essentiellement contraire à tous les nœuds qui l'enchaînent à la Nature ? qui voudroit vivre dans la société sans famille, sans patrie & sans ami, qui s'exposeroit à être seul au milieu de l'univers?

Je ne parle point ici de la religion comme science; il est trop facile d'en abuser. Mais la religion comme principe des mœurs fait la félicité du genre humain : lorsqu'elle est éclairée, elle maintient l'harmonie entre les principes qui constituent l'homme ; elle réprime encore les passions, lorsqu'elle est triste & minutieuse.

Je crois avoir assez prouvé que la Philosophie qui ne consiste qu'à détruire est un fléau pour une nation ; cependant je suis fort éloigné de faire aux gens de lettres un crime d'être Philosophes; je ne suis ni assez stupide pour mépriser les beaux génies qu'on honore de ce titre, ni assez enthousiaste pour écouter leurs oracles sans les peser. Voici mon vœu, & peut-être celui de tous les gens de bien. Il seroit à souhaiter que la Philosophie s'occupât plus à élever qu'à renverser; qu'elle éclairât les peuples, sans les rendre malheureux; qu'elle foudroyât à son gré la superstition & le fanatisme, mais qu'elle respectât la religion. Ne peut-elle pas écarter les ronces qui défigurent le plus auguste des monumens sans le mutiler? Que le sage n'aspire pas à n'être que hardi, qu'il me rende chers Dieu & les hommes, & la terre est à ses pied'

DE LA PHILOSOPHIE DE LA NATURE.

LIVRE TROISIEME.

DE L'HOMME

Considéré en lui-même.

La morale de l'homme eſt faite pour l'homme ſauvage, comme pour l'homme policé; car dès qu'ils naiſſent, la Nature leur crie à tous les

G iv

deux : chériffez votre exiftence & foyez heureux.

Quelqu'étendue que je donne à ce code naturel, je ne renferme point dans la claffe des êtres qui font foumis à fes loix, l'homme marin de Telliamed & l'Orang-Outang du citoyen de Genève, parce qu'avec le corps de l'homme, l'un n'a que l'entendement du finge, & l'autre l'ame des poiffons.

J'en dis de même des prétendus hommes à deux fexes. A Athenes & à Rome on précipitoit dans la mer les enfans foupçonnés d'avoir cette bizarre configuration : il faut en conclure feulement que les concitoyens des Solon & des Numa étoient des barbares, mais non qu'il y a des hermaphrodites (*a*).

───────────

(*a*) Si l'on veut être intimément con-

L'homme s'aime, & s'aime légitimement : voilà le fondement de sa morale:

———

vaincu de la chimere de l'hermaphrodisme, il faut lire l'ouvrage Anglois de Parsons, intitulé : *Mechanical and critical Enquiry in to the nature of hermaphrodites.* — On y trouvera des raisonnemens & des expériences.

Le Philosophe célebre qui a écrit avec tant de hardiesse sur la Nature, n'avoit sans doute pas lu cet ouvrage, lorsqu'il fit ses *considérations philosophiques sur la gradation naturelle des formes de l'être* ; entraîné par l'esprit de système, il consacra un chapitre entier de ce livre à prouver la possibilité de l'hermaphrodisme humain : il ne prouve cependant pas, mais il étonne.

Il y a, dit M. Robinet, des especes d'animaux qui sont hermaphrodites, *pag*. 220. — Cela est vrai des polypes, des

G v

Cet amour est fondé sur la bonté de son être, caractere essentiel à

---

limaçons & d'un grand nombre de coquillages; mais on ne peut ici raisonner par analogie. Tous ces animaux sont naturellement hermaphrodites, comme tous les hommes sont naturellement avec un seul sexe; un polype qui ne pourroit se reproduire seroit un monstre, comme un homme hermaphrodite.

Ce Philosophe compte parmi les hermaphrodites ces individus humains, qui ayant un sexe dominant, dont ils peuvent user avec succès, ont encore une ébauche informe de l'autre sexe, p. 221.— Mais l'ébauche dont il parle n'est qu'un jeu de la Nature, & cette configuration inutile n'entre point dans le plan général de l'être; l'individu dans lequel le sexe masculin domine est un homme, celui où le sexe féminin est parfait est une

tous les ouvrages d'un premier principe souverainement intelligent.

———

femme; je ne vois point là d'hermaphrodite.

La seconde espece d'hermaphrodites, dit le même auteur, loin d'avoir les deux sexes n'en a véritablement aucun; ceux qui sont ainsi configurés ne peuvent engendrer ni comme mâles, ni comme femelles, *pag.* 221 , *parag.* 2. — Il me semble qu'il n'y a point encore là d'hermaphrodite; ces êtres stériles ne doivent point être comptés parmi les hommes ou parmi les femmes, ou parmi les hommes-femmes; il faut les ranger dans la classe des enfans & des eunuques.

Un vrai hermaphrodite seroit celui dont parle Schenck dans ses observations : *Viro nupserat cui filios aliquot & filias peperit: nihilominus tamen ancillas comprimere & in his generare solebat* Mais cet

On distingue plusieurs especes de bontés ; la bonté d'existence n'est

individu qui pouvoit être en même tems pere & mere, n'a sûrement existé que dans le livre de ce médecin. On a prétendu qu'on voyoit à Surate beaucoup de ces hermaphrodites de Schenck, qui, avec des robes de femmes, portoient le turban, pour faire connoître qu'ils avoient les deux sexes. J'en ai parlé à un Parsis que le fanatisme Indien avoit obligé à se refugier parmi nous, & il m'a assuré qu'il n'avoit jamais entendu parler de ce prodige de sa patrie, qu'à deux mille lieues d'elle.

L'hermaphrodisme le plus parfait est celui de ces individus qui, pouvant s'unir efficacement à un homme & à une femme, peuvent encore engendrer seuls par l'union des deux sexes qu'ils possedent. J'ai lu dans Molinet, *p.* 174, l'histoire d'un homme semblable Un autre écrivain parle d'un moine qui, en 1478, fit un enfant

qu'un sage rapport entre les attributs qui constituent un être; l'hom-

---

dont il étoit le pere.' — *Chronique scandaleuse de Louis XI*, p. 303. Mais l'auteur anonyme de ce libelle, ni le chanoine de Valenciennes ne forment une autorité assez grande pour accuser la Nature d'avoir violé ses propres loix.

Il entroit dans le système de M. Robinet d'annoncer la Nature comme un principe intelligent, qui s'étudie à produire des variétés dans l'espece humaine, qui n'a donné jusqu'ici que des essais informes; mais qui dans la suite formera des hommes parfaits en réunissant dans le même individu les charmes de Vénus & la beauté d'Apollon, *pag.* 220 & 223.

Pour moi qui ne fais point de système, voici ma doctrine sur les hermaphrodites.

Je ne vois pas que l'hermaphrodisme,

me partage cette bonté avec un bloc de marbre comme avec une rose, & avec un éléphant ; la bonté animale peut se définir une juste économie dans l'organisation d'une créature sensible ; elle est également

---

qui est une perfection pour le limaçon, puisse en devenir une pour les hommes.

Un homme parfait peut être Apollon ; une femme parfaite peut être Vénus : mais Apollon - Vénus ne seroit qu'un monstre.

Un vrai hermaphrodite n'a pas besoin des hommes ; & cette considération suffit pour en nier même la possibilité. La Nature qui dit à mon cœur : tu es fait pour la société, ne dira pas à mes yeux : tu n'as pas besoin d'elle.

Ovide a chanté l'hermaphrodite Salmacis : mais Ovide ne fait point autorité en Philosophie.

l'apanage de l'homme & des animaux ; enfin, il y a une bonté raisonnée propre à l'être penfant, qui n'eft point diftinguée de la vertu, & c'eft ce privilege qui, dans un fens, fait de l'homme le roi de la Nature.

L'amour de foi ne paroît conduire au defir de fe conferver que dans les hommes. Un chêne qu'on va renverfer n'a point l'idée de fa deftruction ; un agneau que des loups à deux pieds & à tête intelligente vont égorger, ne foupçonne pas qu'il va devenir la proie de tout homme qui n'eft pas difciple de Pythagore.

L'amour de foi bien dirigé conduit l'homme au bonheur. Mais le bonheur exifte-t-il fur cet amas de fange, où quelques infiniment petits fe difputent la gloire de végéter & de mourir ? Voilà la premiere queftion que nous allons examiner.

L'homme est un être mixte; il tient par son corps à la matiere, & par son ame aux pures intelligences: il faut donc l'envisager sous ce double rapport; il faut en même tems étudier le méchanisme de l'entendement & le jeu de la machine pour mériter d'être le législateur de l'homme de la Nature.

L'homme intelligent sent, pense & se détermine; l'homme machine subit les loix du mouvement, fait usage de ses organes, & engendre des êtres qui lui ressemblent.

Il n'y a point de modification dans l'homme qui lui soit indifférente, parce qu'il n'y a point de sentiment intermédiaire entre le plaisir & la douleur. Pincez légérement une des cordes sensitives, l'homme est heureux; augmentez un peu l'ébranlement, il souffre : le mal & le bien se touchent par leurs extrémités, & il n'y a point d'espace intermédiaire.

L'ame sent le bonheur, elle le connoît, elle le desire ; ainsi toutes ses facultés concourent au même but, & l'homme a trois titres pour exiger de la Nature qu'elle le rende heureux.

Si l'homme peut être heureux, ce n'est que par un noble usage de ses facultés. Je réduis donc tout ce livre à un principe : je connoîtrai le bonheur, si je n'altere point l'organisation de mon corps, si je dirige mon entendement à la vérité, & si j'exerce ma volonté à la vertu.

CHAPITRE
PRÉLIMINAIRE
SUR LE BONHEUR.

L'AMOUR du bonheur eſt le grand reſſort qui fait agir l'homme; il imprime à l'ame un mouvement qui lui donne de l'énergie, & aſſure au corps la continuation de ſon exiſtence.

L'amour du bonheur ne diffère point de l'amour de ſoi ; ainſi quand Nicole & la Rochefoucault ont défendu à l'homme de s'aimer, ils lui ont défendu d'être heureux.

DE LA NATURE. 163

Le bonheur physique dépend fort peu de nous ; pour le bonheur moral, le sage a des moyens de se le procurer ; c'est à résoudre ce problème que tend la morale de la Nature.

Le bonheur est pour les êtres sensibles une suite d'instans voluptueux. Comme ils ne peuvent continuer d'exister que par le sentiment du plaisir, il s'ensuit que le bonheur existe dans la Nature.

L'homme gravite vers son bonheur, comme la matiere tend au repos : ôtez lui sa liberté, & il sera constamment heureux.

On peut être heureux sans avoir la conscience intime de son bonheur. Un grand qui s'ennuie le cherche à grands frais sans l'atteindre. Un Philosophe disserte sur sa nature sans en jouir ; mais souvent un ruſtre, qui n'a ni livres, ni argent, eſt heureux.

Suivant notre maniere d'être actuelle, le bonheur n'eſt que la ſomme des plaiſirs qui reſte, quand on a retranché celle des maux ; nous devons être très - ſatisfaits, lorſqu'après le calcul il reſte zéro.

Il ſemble que l'homme ſeroit conſtamment heureux, s'il étoit conſtamment ſans deſirs; mais il eſt auſſi impoſſible de vivre ſans deſirs que de naître ſans tête : l'action eſt eſſentielle à l'ame, comme l'eſt aux poumons la faculté de reſpirer.

Nous avons ſi fort dénaturé l'eſſence du plaiſir, que nous le cherchons ordinairement par-tout où il n'eſt pas : lorſqu'enſuite nous appercevons le néant du bien dont nous jouiſſons, nous diſons tranquillement le bonheur eſt une chimere...

Infenfé ! déchire ton bandeau, & tu ne nieras pas l'exiftence du foleil.

Le bien & le mal femblent les deux limites de notre exiftence ; fi nous nous plaignons d'avoir inutilement parcouru la carriere qui les fépare, c'eft que nous fommes partis du bien pour aller à fa rencontre.

ARTICLE PREMIER.

Du plaisir.

On a fait de profondes dissertations sur la nature du plaisir; c'étoit prouver qu'on ne l'avoit jamais goûté. La meilleure maniere de traiter d'un être aussi superficiel, c'est de l'effleurer.

Tout ce qui agit avec mollesse sur les organes du sentiment fait naître le plaisir ; mais si ces sensations causent dans les fibres nerveuses des secousses trop violentes, elles produisent la douleur. Il n'y a rien qui approche plus de la douleur qu'un grand plaisir.

Grace à l'activité de notre imagination, la jouissance continue des plaisirs modérés nous devient insipide; il faut qu'ils deviennent à chaque instant plus piquans, pour pouvoir nous affecter: voilà pourquoi le bonheur est déja loin de nous, que notre ame altérée le cherche encore.

Il suit aussi de cette théorie que le bonheur seroit un être de raison pour nous, si nous le regardions comme une continuité de plaisirs. Cette série de momens voluptueux est incompatible avec la foiblesse de nos organes; l'excès du plaisir anéantiroit bientôt notre machine, & notre ame ne jouiroit plus qu'au milieu des ruines.

On juge du plaisir par son intensité, & du bonheur par sa durée.

Un instant du plaisir le plus vif, peut être mis en parallele avec plusieurs années de bonheur. La premiere fois qu'Ovide jouit de Corinne, ou lorsqu'Archimede découvrit le problême de la couronne d'Hyeron, ils vécurent peut-être cent ans.

Ce n'est peut-être pas un paradoxe, de dire qu'un être qui ne connoîtroit qu'un seul plaisir ne s'en dégoûteroit jamais; il est assez probable que la plante sensitive ne connoît d'autre plaisir que celui de l'existence, & ce plaisir unique suffit pour la lui conserver. Pour nous qui courons sans cesse de jouissance en jouissance, nous ne les goûtons pas, parce que nous en faisons la comparaison. Notre imagination suppose toujours des plaisirs plus grands que ceux dont nous jouissons, & cela nous empêche d'en sentir la pointe; nous ne sommes pas heureux, par cela seul que nous desirons toujours le bonheur. On

On distingue communément les plaisirs intellectuels des plaisirs des sens : à parler dans l'exactitude philosophique, les derniers n'existent pas, parce qu'il n'y a que l'ame qui reçoive les impressions du plaisir.

Cependant, comme l'ame a plusieurs facultés, elle goûte aussi plusieurs sortes de plaisirs ; la faculté sensitive éprouve des plaisirs physiques, la faculté intellectuelle jouit des plaisirs moraux, & l'imagination qui paroît un être mixte, partage, peut-être, les plaisirs de la faculté sensitive, & ceux de la faculté intellectuelle.

Les plaisirs mixtes semblent particuliérement l'apanage de la jeunesse ; les plaisirs des sens sont de tout âge, mais ils s'affoiblissent à mesure qu'on jouit de la vie ; enfin, les plaisirs de la raison ne conviennent qu'à l'âge mûr, mais plus on en jouit, plus ils augmentent d'activité.

L'homme que les plaisirs rendroient le plus heureux, seroit, peut-être, celui qui joindroit la plus grande modération dans les desirs à la plus grande sensibilité; qui, avec de grandes passions, ne se procureroit que de petites jouissances; qui auroit les organes du plus fort des hommes, & la raison d'un demi-dieu.

ARTICLE II.

De la sensibilité.

L'ANATOMIE a remarqué dans les fibres une espece de force tonique, qui tend sans cesse à les raccourcir, & qu'on regarde comme le premier principe de la sensibilité : cette force se trouve dans un tilleul, comme dans un singe, parce que ces deux êtres vivent, & que vivre c'est sentir ; mais l'homme en jouit dans un degré supérieur, parce que la Nature a perfectionné en lui les organes du sentiment ; il peut devenir le plus heureux des êtres, parce qu'il en est le plus sensible.

Toute sensation de l'ame est liée à un mouvement de fibres sensitives ; ainsi le genre nerveux a un rapport intime avec le syftême des passions. Lorsque ces cordes toniques ne sont que légérement ébranlées, l'ame jouit d'une heureuse sérénité ; mais si elles éprouvent des vibrations trop fortes & trop précipitées, l'ame est en convulsions par le flux & le reflux des passions tumultueuses.

Le tissu des fibres est très-délicat dans l'enfance; elles s'ébranlent alors très-aisément, mais avec une certaine foiblesse ; aussi un enfant que le moindre objet affecte, n'est point susceptible des grandes passions. Dans un âge mûr les fibres acquierent de la solidité ; les mouvemens font plus rares, mais ils ont plus de force; c'eſt alors que les grands caracteres ſe développent, que Monteſquieu crée l'eſprit des loix, & que Céſar pleure ſur une ſtatue d'Alexandre. Dans la vieilleſſe les fibres perdent leur molleſſe & leur flexibilité; la ſenſibilité s'altere, les paſſions perdent leur vigueur, & l'ame n'a plus de jouiſſances.

Cette théorie ſur la ſenſibilité, étoit néceſſaire pour réſoudre le problême du bonheur. Il eſt certain qu'il y a des hommes que la Nature a mieux partagés que d'autres pour les organes du ſentiment : ceux-là ſont nés plus heureux, parce que toute leur ame eſt, pour ainſi dire, ouverte aux impreſſions de la volupté.

Ces hommes ſi bien organiſés ne peuvent goûter ainſi toutes les douces palpitations du plaiſir, ſans être aussi exposés à sentir toutes les pointes de la douleur; ils éprouvent avec la même vivacité les douceurs & les tourmens attachés à l'existence.

Vu la maniere dont l'espece humaine a altéré la Nature, il est constant que les commotions impétueuses, qui tendent à dissoudre l'organisation du principe sensitif, sont beaucoup plus communes que les douces impressions qui le conservent; ainsi l'homme a ordinairement plus d'occasions de souffrir que de jouir.

Beaucoup de Philosophes qui ont remarqué que la somme de la douleur excédoit pour nous celle du plaisir, en ont conclu que l'unique moyen pour être heureux étoit de se rendre insensible

Il paroît difficile d'acquérir l'insensibilité physique; cependant on ne doit pas la mettre dans le rang de la pierre philosophale. Dans les premiers siecles de notre monarchie, on a vu des hommes qui faisoient métier de s'exposer aux épreuves judiciaires, pour de timides accusés (*a*) : toutefois ces charlatans n'étoient pas Philosophes.

Pour l'insensibilité morale, connue sous le nom d'apathie, elle n'est pas faite pour l'homme; celui qui la cherche, est un insensé; celui qui dit l'avoir trouvée, est un imposteur.

Zénon qui a eu tant d'idées absurdes sur les premieres causes, mais qui a été si utile au genre humain

————————

(*a*) *Voyez* hist. géner. de France, par Duplex, *Tom.* 1, *pag.* 487.

H iv

par sa morale, faisoit de l'infensibilité l'unique principe de félicité pour tous les êtres; suivant ce Philosophe, Jupiter possédoit essentiellement l'apathie, & le sage en avoit besoin pour le devenir (*a*).

(*a*) Tel est le sens qu'on doit attacher à ce passage de Séneque. — Le sage, abandonné de toute la Nature, deviendra... ce que devient Jupiter, quand le monde étant décomposé, tous les dieux étant confondus dans la masse, la Nature reste quelque tems immobile & sans action; Jupiter alors se repose en lui-même, & se livre à ses pensées: — *Qualis est Jovis cùm resoluto mundo & diis in unum confusis, paulisper cessante Naturâ, acquiescit sibi, cogitationibus suis traditus.* Sénec. *Epist.* 9. — L'obscurité de ce texte

Il est heureux pour le genre humain que Marc-Aurele, le héros du Stoïcisme, n'ait pas été jaloux de cette apathie, & que son ame ait été active, malgré les livres de Zénon, & l'exemple de Jupiter.

Tàchons de faire naître des doutes sur ce système singulier de l'insensibilité; nous réussirons peut-être par-là, à jetter quelques lumieres dans la nuit profonde qui semble voiler le bonheur.

L'insensibilité physique est con-

---

vient de ce que chez les Stoïciens les mots de Dieu, de Nature & de Jupiter sont synonimes; ainsi, contre l'usage ordinaire, ce passage peut être clair pour les lecteurs superficiels, mais à coup sûr il ne l'est pas pour les Philosophes.

traire à l'ordre général ; si la Nature avoit voulu nous en faire part, elle nous auroit placé au-dessous des élémens de la matiere, & non dans la classe des humains.

La douleur est pour nous un signal qui nous avertit de veiller à notre conservation ; si nous sommes insensibles, ce signal n'est plus entendu, & l'ame n'est avertie du danger qui la menace que par la dissolution de sa machine.

On ne veut être insensible que pour être exempt de souffrir ; mais l'absence du plaisir est pour l'homme équivalente à la douleur.

Si l'insensibilité physique pouvoit jamais être utile, ce ne seroit qu'à cet éleve de l'Aretin qui, ayant épuisé à vingt ans toutes les douceurs de l'existence, ne gouverne son corps énervé, qu'à l'aide d'une intelligence abrutie, ne s'occupe de l'idée du bonheur que pour en regretter l'abſence, & ne recueille plus que la douleur où il moiſſonnoit le plaiſir: mais cet homme blaſé a trop outragé la Nature pour en attendre des faveurs; & il eſt juſte qu'il ſoit encore ſenſible, du moins pour ſouffrir.

Je regarde l'apathie comme le grand œuvre des Philoſophes. On y a attaché le ſouverain bien, & on s'eſt également trompé dans l'effet & dans la cauſe; car il n'y a point d'apathie, & le ſouverain bien n'eſt pas plus fait pour l'homme, que la ſouveraine intelligence.

Pour poſſéder l'inſenſibilité morale des Philoſophes, il faudroit changer la ſtructure organique des fibres ſenſitives; ou faire combattre ſans ceſſe l'entendement avec les ſenſations. Le beau projet, pour devenir un homme parfait, de cesser d'être homme !

Les passions sont aussi nécessaires au bien-être de l'ame, que les membres à l'organisation du corps; un Philosophe qui les anéantit pour être heureux, ressemble à Origene, qui se mutile pour être chaste.

Un vrai Stoïcien n'existe pas, ou il est un monstre : vouloir ne rien desirer, ne rien sentir, & ne rien aimer, c'est vouloir être anéanti.

Le partisan de l'apathie est l'ennemi de la société; il substitue aux hommes de génie, des esprits pusillanimes; aux enthousiastes de la vertu, de frivoles discoureurs, & aux héros de la patrie, de froides statues.

La vraie Philosophie consiste à établir un juste équilibre entre les passions, & non à les anéantir, à faire son bonheur de celui de la société, à brûler pour la vertu, & non à mutiler son ame.

ARTICLE III.

D'un paradoxe du livre de l'Esprit.

Un homme célebre a dit : *Il y a des hommes si malheureusement nés, qu'ils ne sçauroient être heureux que par des actions qui les menent à la Grêve* (*a*). — Cette assertion m'a étonné dans un Philosophe qui n'apprend jamais qu'à douter.

(*a*) De l'Esprit, *pag.* 574, *de l'édit. in-4o.*

Quoi ! Héliogabale ne pouvoit être heureux qu'en violant toûtes les dames Romaines, & Néron en embrafant fa patrie!.. Eh! que deviendront les hommes, s'il prend envie à trois ou quatre monftres couronnés de trouver leur bonheur à les égorger ?

Non, non, la Nature n'eft point en contradiction avec elle-même ; elle n'a point de caprice qui tende à anéantir fes loix éternelles. Elle ne dit point à un individu : je t'ai créé pour être utile à ce globe ; & à un autre : je t'ai fait naître pour le renverfer.

Les fléaux du genre humain ne font pas nés pour défoler la terre, comme un tigre femble né pour déchirer des cerfs. La Nature s'eft contenté de leur donner le germe des grandes paffions; ce germe heureufement développé devoit faire un Corneille ou un Catinat; mais modifié par une mauvaise éducation, par un vil intérêt ou par l'exemple des scélérats, il fait des Catilina, des Alexandre VI, & des Cromwel.

Faisons raisonner César Borgia, suivant le principe du livre de l'Esprit, & voyons ce qu'il pouvoit répondre au pape Jules II, qui le menaçoit du dernier supplice pour venger le saint Siege, l'Italie, & l'Humanité (*a*).

« De quoi m'accuse votre Sainte-

―――――――――

(*a*) Ce Borgia étoit le plus audacieux des hommes; il avoit pris pour devise ces paroles: *Aut Cæsar, aut nihil*: s'il avoit eu plus de talent, il auroit été l'un & l'autre.

„ té ? Il ne dépendoit pas plus de
„ moi de naître vertueux, que de
„ ne pas être le bâtard d'un pape.
„ Quand j'ai affaffiné le duc de Can-
„ die mon frere, je n'ai fait que
„ fuivre l'impulfion de la Nature ;
„ elle me difoit qu'un fage obfcur
„ ne vaut pas un fouverain parri-
„ cide.

„ Il eft vrai que j'ai empoifonné
„ plufieurs cardinaux, que j'ai ap-
„ pellé l'ennemi en Italie, que je
„ fuis devenu le tyran de plufieurs
„ villes libres ; mais telle étoit ma
„ deftinée, comme c'eft la vôtre de
„ gouverner avec modération, & de
„ me tenir dans vos fers.

„ Je trouve mon bonheur à en-
„ fanglanter l'Italie, comme Titus
„ trouvoit le fien à s'en faire ado-
„ rer : fuis-je libre de ne pas defi-
„ rer mon bonheur ?

» Vous m'opposez des loix! Ces
» loix sont l'ouvrage des hommes,
» & moi je suis celles de la Nature.

» Il ne vous est pas plus permis de
» me menacer du dernier supplice,
» parce que j'ai suivi mes penchans,
» qu'à un Philosophe de frapper un
» aveugle-né, parce qu'il n'entend
» pas son traité d'optique.

» Si vous trouvez votre bonheur
» à me faire périr, usez de la loi
» du plus fort, j'y consens ; mais ne
» m'opposez point des principes que
» mon cœur m'empêche d'adopter ;
» frappez, mais ne raisonnez pas ».

Je ne vois pas trop comment le pape Jules II auroit pu refuter de tels sophismes ; il auroit fait trancher la tête à Borgia ; mais trancher une tête n'est pas répondre à un homme de tête.

Il n'y a qu'un moyen de refuter

le bâtard d'Alexandre VI, c'est de nier le principe du livre de l'Esprit; alors les scélérats n'ont plus de défense, les souverains ont droit de maintenir les loix, & la providence est justifiée.

L'homme de bien qui a écrit le livre dangereux de l'Esprit n'a point vu toutes les conséquences qu'on pouvoit tirer de ses systêmes; il étoit trop heureusement né pour encourager au crime les hommes foibles qu'il vouloit éclairer. Ce n'est qu'aux Philosophes qui honorent sa personne, qu'il appartient de refuter ses paradoxes.

ARTICLE IV.

Songe de Marc-Aurele.

MARC-AURELE dormoit peu, parce qu'il gouvernoit cent millions d'hommes; il penſoit pendant la nuit au bien qu'il pourroit faire, & il s'occupoit pendant le jour à l'exécuter.

Cependant les forces de ſon corps ne répondoient pas à la vigueur de ſon intelligence; il s'aſſoupiſſoit quelquefois malgré lui; alors il faiſoit des ſonges: & quels ſonges! ils prolongeoient la douceur de ſon exiſtence; ils étoient ſereins comme l'ame de ce grand homme.

Voici un des songes de cet empereur, qu'on a trouvé écrit en Grec dans les ruines d'Herculanum. Ce monument ne sera pas indifférent aux Philosophes. Un songe de Marc-Aurele est plus utile au genre humain, que le réveil de vingt rois.

L'an douzieme de mon empire, le trois des Kalendes de Mars, vers la troisieme veille de la nuit, les dieux m'honorerent d'un songe, moins pour me récompenser du peu de bien que j'ai fait au monde, que pour m'encourager à exécuter tout celui que je voudrois faire.

Je me vis transporté en un instant dans la sphere brillante où réside Demiurgos, le géometre par excellence. Tous les dieux étoient rangés autour de son trône ; quand on les voyoit hors du palais, l'œil ne pouvoit foutenir l'éclat dé leur majefté ; mais dans le palais on n'étoit frappé que de la fplendeur de Demiurgos.

Approche, Marc-Aurele, me dit l'être des êtres, tu fais le bonheur de tes égaux dans la petite fourmilliere que tu gouvernes ; je veux t'apprendre à y faire le tien, avant que je te mette au nombre de ces intelligences qui portent mes loix dans les mille foleils que j'ai allumés au fein de l'efpace.

J'étois tombé aux pieds du grand être, & je croyois n'exifter que par le fentiment de la reconnoiffance, lorfqu'un nouveau fpectacle vint réveiller ma curiofité. Tout-à-coup un nuage, qui étoit au-deffous de moi, s'entrouvrit, & j'apperçus une efpece de Sybarite, couché fur un lit de rofes auprès d'une jeune beauté à demi-nue; il chantoit à demi-voix en me regardant :

Foible mortel, né pour mourir,
Laisse-toi consoler par la voix d'Epicure;
Que ta vertu consiste à ne jamais souffrir.
Veux-tu te réveiller au sein de la Nature?
 Viens t'endormir dans les bras du plaisir (a).

(a) Gassendi auroit fait un grand procès à Marc-Aurele, si ce songe avoit été découvert de son tems. Suivant ce Philosophe, Epicure ne conduisit à la volupté que par le chemin de la vertu; mais ses disciples oublierent la route, & ils trouverent ailleurs un bonheur que leur maître s'étoit contenté de mériter.

Il ne seroit pas aussi aisé de justifier Epicure sur le cours d'Athéisme qu'il fit dans son école d'Athenes; il plaça dans les intervalles des mondes quelques ato-

M'endormir! dis-je alors en moi-même; non, non, mon ame est trop active pour goûter un bonheur qui ne seroit qu'un songe.— On m'épargna le soin de refuter Epicure, je vis un groupe de malheureux s'approcher du lit de repos maudissant la Philosophie & l'existence; je distinguai parmi eux ce sénateur célebre, qui engraissoit de la chair de ses esclaves les Murenes de ses viviers, ce

mes subtils, à qui il donna le nom de dieux. Ces êtres supérieurs étoient sans mouvement dans leur retraite inaccessible; ils dormoient pour être fortunés, & ils regardoient sans intérêt les globes qui se pressoient autour d'eux, & dont la compression pouvoit à chaque instant les anéantir.— Il y a, je crois, peu d'hommes sensés qui enviassent la félicité des dieux d'Epicure.

Vitellius,

Vitellius qui ne régna que pour manger, & cette Meſſaline que le plaiſir fatiguoit, mais ſans la raſſaſier, & qui proſtitua pendant tant d'années à la plus vile populace de Rome, l'honneur de ſon ſexe & le lit des Céſars.

Un petit homme, fort replet & ſans barbe, ſe ſépara de la troupe & vint dire d'un ton fluté à Epicure : Ne ſuis-je pas comme toi le fils de la Nature ? Pourquoi donc n'ai-je jamais connu le plaiſir ? Serai-je à jamais malheureux, parce que je ſuis né mal organiſé (a) ?

―――――――――――――

(a) Au fond, l'école d'Epicure n'a jamais pu répondre à cet argument : les plaiſirs des ſens dépendent de la vigueur de ma ſanté : la ſanté dépend du méchaniſme de mes organes ; mais ce méchaniſme depend-il de moi ? Il m'eſt donc

O mon maître! dit le Philofophe Lucrece, ton fyftême fur le bonheur n'a jamais fait le mien ; cependant j'étois né riche, robufte & voluptueux : les trois parties du monde contribuoient au luxe de ma table, mon palais ne cédoit en magnificence, qu'à celui de Lucullus : j'aimois avec emportement, & j'étois aimé de même : je cherchois le bonheur par-tout, je ne l'ai point trouvé, parce qu'il n'étoit point en moi. Lucilia qui defiroit auffi d'être heureufe, me donna un philtre pour me rendre plus amoureux ; ce phil-

---

auffi impoffible de faire mon bonheur, que de me créer de nouveaux fens. Que m'importent les beaux vers de Lucrece & de Chaulieu ? ces poëtes chantent la volupté, mais ils ne la produifent pas. *Note de l'éditeur.*

tre me rendit frénétique; c'est dans les intervalles de mon délire que j'interprétai tes principes fur la Nature des êtres ; je finis enfin par me tuer à quarante-deux ans, ayant goûté de tout, mais n'ayant joui de rien, environné de difciples que j'inftruifois fans être perfuadé, & chef d'une fecte dont je ne ferai jamais.

Pour moi, s'écria avec un foupir le premier des Céfars, la Nature fembloit m'avoir formé pour être l'enthoufiafte d'Epicure : j'étois le mari de toutes les femmes, & la femme de tous les maris; mais je n'en étois pas plus fortuné. Je poffédois & ne jouiffois pas; & quand mon délire voluptueux étoit calmé, je retrouvois au centuple le fentiment pénible de mes malheurs, & de mes attentats. Je ne me rappelle que deux inſtans de ma vie où le plaiſir m'ait rendu heureux : c'eſt lorſqu'en pleurant ſur la ſtatue d'Alexandre, je me ſentis la force d'égaler ce héros, & lorſque, percé au milieu du ſénat de vingt-deux coups de poignard, j'eus la générofité de pardonner à mes aſſaſſins; le reſte de ma vie, je n'ai point vécu.

Ceſar parloit encore, lorſqu'un ſpectacle effrayant ramena mes regards du côté d'Epicure : je ne vis plus ce couple charmant ivre d'amour & de joie, dont les bras enlaſſés, la voix éteinte & les ames confondues, ſembloient atteſter la félicité de leur exiſtence. Pendant qu'on parloit autour des deux amans, le plaiſir étoit déja loin d'eux; les roſes de leur teint ſe flétriſſoient, & le feu de leurs regards commençoit à s'éteindre : la métamorphoſe s'acheve; les deux amis de la volupté deviennent des fqueletes qui ont horreur de s'embraffer : le lit de fleurs fur lequel ils repofent prend infenfiblement la forme d'un tombeau, & Epicure d'une main glacée écrit ainfi fon épitaphe :

Ci-gît le fenfible Epicure,
Il chercha, définit, & chanta le plaifir,
Mais celui qu'il goûta refpiroit l'impofture;
L'homme a des fens, mais ne fçait point jouir,
Il eft créé par la Nature
Pour chercher le bonheur, l'ignorer & mourir.

Je vis ce défaftre fans effroi, car j'étois auprès de Demiurgos; je me fentois pénétré de fon effence, & je partageois fa férénité.

A peine les nuages fe furent-ils réunis fur le tombeau d'Epicure, que je vis fe former tout-à-coup un édifice aërien, dont la bafe étoit fur la terre, & le comble fembloit foutenir le palais de Demiurgos; une multitude d'intelligences rempliffoit l'intervalle des deux planetes, & formoit une chaîne immenfe, dont un génie placé fur la terre tenoit le premier anneau.

Ce génie étoit un Philofophe qui paroiffoit abforbé dans de fublimes méditations : fon imagination brillante s'occupoit à créer des rapports entre le grand-être, & les petits infectes qui rampent fur la terre: les hommes fe preffoient avec fracas autour de lui; d'indignes rivaux tâchoient de le punir de fes talens; mais il écrivoit à la lueur des flambeaux, que l'Envie faifoit luire autour de lui; tant qu'il ne s'occupa qu'à méditer, je le pris pour Archimede; mais il parla, & je reconnus Platon.

Athéniens, difoit-il, je vous vois rougir d'avoir empoifonné Socrate, parce qu'il étoit plus éclairé que vous; mais ce n'eft pas par un vain maufolée que vous appaiferez fa cendre : protégez les Philofophes, honorez le génie, cultivez la vertu; c'eft l'unique moyen de réparer le grand vuide que la mort du plus fage des hommes a laiffé dans la Nature.

Vous defirez d'être heureux, & vous fuivez en cela l'impulfion de la Nature ; mais il n'y a que la Philofophie qui puiffe vous conduire au bonheur. Quand *l'Etre, toujours le même* (a), ordonna aux intelligen-

---

(a) Platon dont la vafte intelligence embraffoit tout le fyftême des êtres, avoit des idées fingulieres fur les premieres caufes ; il ne reconnoiffoit que deux fubftances primitives, Dieu & la

ces célestes de former l'homme avec les principes de l'ame du monde, il lui fit part d'une légere émanation de sa raison éternelle; ce n'est donc qu'en cultivant cet entendement sublime, qu'on peut se rapprocher

---

matiere; il appelloit la premiere *l'Etre toujours le même*, & la seconde *l'être toujours autre*. Dieu renfermoit en lui trois principes, *l'être, l'idée, & l'ame du monde*. Cette *ame du monde* de son côté étoit triple: *une*, parce qu'elle n'habite qu'un seul corps, qui est celui du monde; *double*, parce qu'elle est composée du bon & du mauvais principe; & *triple*, parce qu'elle est pure raison à la circonférence, pure déraison au centre, & mixte dans l'espace intermédiaire. *Vid. Plutarch. de proc. an.* Le même Philosophe *de Isid. & Osirid.* — Brucker, *Tome 1*, & hist. des causes premieres de l'abbé Batteux, p. 275. — M. de Voltaire dans ses mêlanges fait exposer par Platon lui-même une

sans cesse de la divinité ; le souverain bien n'est que la science même de ce bien ; apprenez à connoître, & vous apprendrez à jouir.

La vertu est si belle qu'on ne

---

autre partie de ses paradoxes métaphysiques ; quand il a assez long-tems raisonné, un de ses disciples lui dit d'un grand sang-froid, *& puis vous vous réveillâtes.*

Il y a bien des causes qui nous rendent inintelligible la doctrine Platonique ; sa fureur d'étaler ses connoissances mathématiques jusques dans le sanctuaire de la morale, son dessein de ne former qu'un seul systême de Philosophie des principes hétérogenes de tous les sages qui l'avoient précédé, & sur-tout les figures orientales qu'il prodigue dans son style, & qui le font prendre sans cesse pour le rival d'Hésiode, plutôt que pour le chef d'une secte de Philosophes. — *Note de l'éditeur.*

doit la rechercher que pour l'amour d'elle - même. Socrate la contemploit lorsqu'il but la ciguë, & il étoit heureux.

Ce n'est point aux vils sophistes qui ont persécuté le sage à calculer les plaisirs sublimes de l'entendement : que leurs ames pusillanimes célebrent les voluptés des sens, elles ne sont pas faites pour connoître d'autres jouissances.

Pour nous, que l'éternel Géometre a pénétrés de son essence, n'existons que par la plus belle partie de nousmêmes ; élevons-nous à l'idée éternelle, méditons & nous serons heureux.

Pendant que Platon parloit ainsi, ses disciples contemploient l'idée archetype, disputoient sans s'entendre sur les abstractions, & bâtissoient des mondes ; le peuple admiroit ces Philosophes, & croyoit partager leur bonheur en les admirant.

J'admirois aussi le divin Platon; mais je sentois que le souverain bien ne consiste pas à faire des systèmes, & que dès qu'il faut raisonner pour être heureux, il faut exclure du bonheur les trois quarts du genre humain.

Tandis que je réfléchissois ainsi, Demiurgos fit un signe de tête; aussi-tôt le palais aërien disparut comme un nuage léger; la grande chaîne se rompit, & le Philosophe qui la tenoit ne me parut plus qu'un rêveur sublime.

A peine le fantôme brillant, que l'imagination de Platon avoit produit se fut-il dissipé, que je vis à sa place une statue colossale dont l'œil humain ne sçauroit calculer les rapports (*a*); sa tête reposoit dans le sein de Demiurgos, & les pieds touchoient à un point de la derniere circonférence de l'univers; elle avoit l'œil fixé sur le torrent des siecles qui rouloit à ses côtés avec fracas, & les mondes se pressoient autour d'elle sans troubler sa sérénité. Aux hommages que cette statue recevoit des dieux subalternes, & encore plus à une émotion extraordinaire qu'elle excita dans mon cœur, je reconnus la vertu.... la vertu, le plus subli-

---

(*a*) Mahomet a été plus hardi que Marc-Aurele; il a calculé dans son voyage au ciel, qu'un ange avoit 70 mille têtes, que chaque tête avoit 70 mille bouches & que chaque bouche parloit 70 mille langues différentes: les Arabes qui n'étoient pas géometres, le crurent tous sur sa parole. — *Note de l'éditeur.*

me.... ; mais son éloge est fait, je l'ai nommé.

Je détournai ensuite mes regards vers la terre, & je vis un sage en cheveux blancs revêtu de la diploïde de Diogene qui montroit du doigt la statue, & disoit aux hommes : Les générations se succedent, les mondes s'alterent, les dieux subalternes s'anéantissent ; mais l'être que vous voyez est éternel ; toutes les intelligences desirent leur bonheur, & le bonheur n'est que dans la vertu.

Ce précepteur auguste du genre humain, ce demi-dieu sur la terre, étoit Zénon (*a*), mon maître, &

(*a*) Il ne faut point juger de Zénon par sa physiologie, mais par sa morale.— Que nous importe que l'essence de Dieu soit de l'ether, que le monde soit un grand animal sphérique qui renaît de sa

celui de tous les rois qui se regardent comme des hommes, & qui veulent gouverner des hommes.

Tout ce qu'il y a eu de plus grand dans l'espece humaine, composoit une cour à ce Philosophe; on y distinguoit particuliérement Thraseas

---

cendre comme le phénix, & que les astres se nourrissent de vapeurs ? ces vieilles erreurs ne rendent pas l'homme plus heureux ou plus malheureux. Il n'en est pas de même des principes des mœurs: si un législateur fait en ce genre un mauvais raisonnement, il peut causer le malheur de dix millions d'hommes.

L'antiquité n'eut point un pareil reproche à faire à Zénon. Si je pouvois, dit le célebre Montesquieu, cesser un moment de penser que je suis chrétien, je ne pourrois m'empêcher de mettre la destruction de la secte de ce grand homme au nombre des malheurs du genre

& Pétus, les martyrs de la liberté Romaine : Séneque, qui fauva pendant trois ans la terre des fureurs de Néron, & l'intrépide Caton qui trouva, à déchirer fes entrailles, un bonheur que Céfar cherchoit envain dans la conquête du monde.

---

humain. Efprit des loix, *Liv.* 24, *ch.* 10.
Trois auteurs fameux nous ont fait connoître la morale du Portique ; Séneque, Epictete, & l'empereur Marc-Aurele. Si j'ofois prononcer entre ces trois grands hommes, je me déciderois pour le dernier ; & ce n'eft point une vanité de traducteur qui m'y engage, il eft certain que ce prince Philofophe n'a ni la ftérile fécondité du précepteur de Néron, ni l'aride concifion de l'efclave d'Epaphrodite : l'homme d'efprit parcourt Séneque, le mifantrope admire Epictete, mais le fage lit Marc-Aurele. *Note de l'éditeur.*

Zénon, toujours l'œil fixé vers le simulacre colossal de la Vertu, apprenoit aux sages du Portique à gouverner toutes les facultés de leur ame, à braver les douleurs des sens & à conserver un sage équilibre entre la vie & la mort : les hommes appelloient ces principes, des paradoxes. Mais qu'on me montre des vérités qui aient été plus utiles à la terre que ces parodoxes ?

Zénon jetta un regard sur moi, & je sentis une douce émotion ; je me tournai vers la statue, & les traits de flammes que ses yeux lançoient, embraserent mon ame : cédant alors à l'activité de mon enthousiasme, je me jettai aux pieds de Demiurgos : — Etre des êtres ! m'écriai-je avec transport, mes vœux sont satisfaits, j'ai vu le bonheur : il ne me reste qu'à mourir ! ...

Je me retournai : déja Zénon avoit disparu, la tête du colosse commençoit à se cacher dans les nuages, & tout-à-coup, il regna un grand silence dans la Nature.

Alors Demiurgos parla ainsi : — Des atômes ont osé créer le bonheur suprême, mais il est tout entier en moi; & je cesserois d'être le Dieu de l'univers, si je le partageois avec quelque intelligence. Pour la félicité bornée, dont j'ai permis à l'homme de jouir, je l'ai exposée à tes regards dans un triple tableau. Les trois principes de tes Philosophes sont bons, mais il faut les réunir : chacun d'eux se trompe s'il parle seul, & la vérité résulte de leur union. N'oublie jamais que je t'ai donné des sens pour en faire usage, un entendement pour le diriger à la vérité, & une volonté pour pratiquer la vertu.

Il dit : Je vis alors Platon, Epicure & Zénon réunis au pied de la statue de la Vertu ; un nouveau trait de lumiere vint pénétrer mon ame, & je me réveillai.

PREMIERE PARTIE
DU LIVRE III.
DE L'AME.

Dans les premieres époques du genre humain on raisonnoit rarement sur l'ame; il y avoit alors peu de Métaphysiciens, & beaucoup de gens vertueux.

L'art de disputer naquit chez les Grecs : ce peuple né avec des organes sensibles, parlant la plus belle langue de la terre, jouissant de la liberté, ayant du goût & du loisir, créa, pour ainsi dire, la métaphysique. Ses sages méditerent, combinerent des idées systématiques sur les premieres causes, & ce qui n'arrive jamais à la vérité, ils firent des sectes.

Le paradoxe métaphysique qui fit le plus d'honneur aux Philosophes, fut celui de l'ame universelle. On imagina une chaîne qui lioit par des anneaux imperceptibles, l'atôme à la divinité : cette chaîne descendoit de Jupiter à l'homme ; de l'homme à la brute, qui a quelques étincelles de raison ; de la brute aux plantes qui sentent, végetent, & ont des sexes comme les bêtes ; des plantes aux fossiles, qui partagent leur organisation, & des fossiles aux élémens de la matiere. Cette idée étoit grande ; elle formoit de la Nature un seul tableau, & un acte unique de tout le système des êtres.

On parut d'abord choqué d'une opinion qui donnoit une ame au soleil ; l'homme simple expliquoit

DE LA NATURE. 213

les mouvemens de cet aftre par une méchanique particuliere ; l'homme à imagination les attribuoit à la volonté du pere de Phaëton ; mais le Philofophe difoit au peuple & aux poëtes, qu'il étoit bien plus fimple de donner une ame à une planete, que de la faire mouvoir par reffort, ou de lui donner un char & un cocher.

S'il fe trouvoit des efprits bleffés de voir que l'intelligence fuprême habitât une molécule de limon ou un corps de chenille ; on lui répondoit qu'il n'y a rien dans la Nature qui ne foit parfait à fa maniere ; que les défauts ne font pas dans les êtres, mais dans l'efprit qui les compare, & que Jupiter voit du même œil la coquille de l'huître, & le corps de Pythagore.

Lorfque deux ou trois Philofophes

eurent imprimé leur sceau à cette opinion, on la regarda comme une de ces vérités éternelles qu'on ne prouve point, & qui servent à prouver tout ; cependant on ne persécuta point ceux qui ne croyoient pas à l'ame universelle : chacun étoit libre de ne pas adopter les idées générales. Il est vrai qu'on méprisoit chez les Grecs, comme chez nous, ces hommes audacieux, mais on les laissoit en paix.

Pythagore ayant trouvé, par hasard, les rapports proportionnels des sons (*a*), Timée en conclut que

───────────

(*a*) On sçait que ce grand homme, ayant entendu les marteaux d'une forge rendre avec précision plusieurs concordances de l'échelle musicale, résolut le problême en pesant les marteaux : il trouva alors que ceux qui pesoient le dou-

DE LA NATURE. 115

puisque Dieu avoit communiqué une portion de sa substance intelligente, à la substance brute de la matiere; il avoit suivi dans le mêlange les gradations marquées dans l'échelle musicale (a); de-là il donna

---

ble des autres rendoient l'octave; de-là il conclut que l'octave étoit dans la proportion de 2 à 1, que la proportion de 3 à 2 donnoit la quinte, celle de 9 à 8 le ton, & celle de 80 à 81, le comma ou la différence du ton majeur & du ton mineur.

Pythagore, qui de la résonnance de quelques marteaux de forge, tire les loix de l'harmonie, ressemble à Newton, qui, en voyant une pomme tomber d'un arbre, est conduit aux calculs sublimes de la gravitation.

(a) Un moderne qui a exposé avec beaucoup de sagesse, les systêmes des anciens sur les premieres causes, expli-

à l'Etre suprême le nom d'éternel Musicien, comme Platon lui donna dans la suite, celui d'éternel Géometre.

Zénon renchérit encore sur Timée;

---

que ainsi cette échelle : Si on se représente la plus petite parcelle de la substance divine, qui descendit au centre du monde par le nombre 384, on doit se la représenter par le nombre 432, quand elle se rapprocha d'un degré de l'espace supérieur, parce qu'alors sa force augmenta d'un huitieme; la proportion de 384 à 432 figure donc le premier ton de l'ame du monde; cette intelligence s'accrut toujours par tons & semi-tons, jusqu'à la proportion double du premier nombre, c'est-à-dire, jusqu'à 768; telle est la premiere octave, ou le cercle de la lune; la même gradation conduite par 36 nombres, jusqu'à la 27ᵉ. & derniere octave, représentée par 10368, produit de 384 par 27, donne la derniere sphere,

il

il repréſenta le monde comme un grand animal ſphérique, compoſé de matiere & d'intelligence, ou comme un feu artiſte, qui renferme en lui toutes les raiſons ſéminales des

---

c'eſt-à-dire, celle de Saturne; enfin la ſomme totale des 36 nombres harmoniques de l'ame du monde eſt de 114695, ce qui conſtitue l'échelle de ſes gradations, au-delà deſquelles ſe trouve la ſubſtance divine pure, ou l'enveloppe univerſelle de tous les êtres, — Hiſt. des Cauſes premieres, *pag.* 261 & 262.

Ce ſyſtême, fondé ſur des calculs d'algebre, tomba, quand on s'aviſa de ſubſtituer les faits aux conjectures. On découvrit que l'atôme de la terre ne devoit point occuper le centre de l'univers, le téleſcope fit appercevoir autour des planetes des ſatellites qui ne ſuivoient point la progreſſion diatonique de Pythagore : l'Aſtronomie ſe perfectionna, & on rougit de ne faire de Dieu qu'un maître de muſique.

Tome II.   K

êtres, ou comme une horloge animée, qui se plaît à compter elle-même les heures qu'elle est contrainte de marquer; mais tout le monde ne goûta pas cet animal, ce feu & cette horloge, & on ne pardonna à Zénon sa physiologie, qu'en faveur de la sublimité de sa morale.

Aristote qui vouloit être créateur en Philosophie, détruisit avec deux syllogismes le feu artiste de Zénon & la musique de Pythagore; mais il n'osa toucher au grand principe de l'ame universelle, que la moitié de la terre regardoit comme le code de la Nature.

Dieu, suivant ce Philosophe, est l'éther de l'éther qui imprime un certain mouvement aux intelligences inférieures: celles-ci meuvent les cinquante-cinq spheres qui entrent dans le système céleste, & l'influence sympathique des spheres, réunies aux enteléchies, c'est-à-dire, aux ames des individus, gouvernent le monde sublunaire. — Pour Aristote, il a gouverné pendant vingt siecles la terre pensante, avec ces énigmes.

Suivant les principaux fabricateurs du roman philosophique de l'ame universelle, l'intelligence humaine descendoit du ciel avec la même facilité que Mahomet dans la suite y monta. Elle partoit de la sphere du premier moteur, se glissoit le long du Zodiaque, depuis le Cancer, jusqu'au Capricorne, & quand deux êtres avoient sacrifié à l'Amour, elle entroit dans le fœtus: les sophistes sçavoient précisément le jour où l'ame avoit quitté le ciel, & l'instant où elle avoit vivifié le germe; car Dieu avoit dit tout cela à Pythagore.

Cette doctrine n'étoit pas particulière à la Grece. Belus en avoit enseigné les dogmes fondamentaux aux Chaldéens, Zoroastre aux Perses, Hermes aux Egyptiens, & les Brachmanes aux peuples de l'Inde : on la retrouve jusque dans la Sythie, & chez les Celtes ; tant les idées simples en métaphysique sont faites pour le genre humain (*a*).

Il est inutile de parler ici de Rome, car ses Philosophes n'ont fait que se traîner sur les pas des Grecs; ils ont cité, traduit, commenté leurs principes métaphysiques, & n'ont rien créé d'eux-mêmes, pas même des erreurs.

(*a*) *Voyez* un plus grand détail sur l'ame universelle ci-après, *ch.* 4, *art.* 2, dans une remarque sur un fragment des vers dorés de Pythagore.

Pour nous, nous n'avons point existé avant Descartes: nos premiers siecles furent sans écrivains; les suivans furent encore plus malheureux, car ils en eurent de mauvais. Je ne connois point, en effet, de tems plus barbare que celui où l'on se croyoit éclairé, parce qu'on étudioit l'éloquence dans Aquilégius, la Philosophie dans Ferrabrit, & l'histoire dans les prophéties de Merlin.

Enfin Descartes vint, il anéantit l'ame universelle, & le monde philosophique parut rouler sur un autre pivot.

Ce grand homme a posé des limites invariables entre l'ame & la matiere; & quand il n'auroit jetté parmi les êtres qui pensent, que ce grand trait de lumiere, il mériteroit qu'on lui pardonnât d'avoir fait de la bête une machine, & de

Dieu un ignorant architecte.

Il n'y a qu'un pas dans la carriere méthaphyfique, entre Defcartes & Leibnitz; car l'intervalle eft rempli par des hommes d'efprits qui n'ont rien créé. Le Philofophe de Leipfick fit de l'ame une monade, & expliqua tous les phénomenes de fon union avec la matiere par l'harmonie préétablie; une partie de l'Europe le crut, car il établiffoit un nouveau fyftême : & qu'eft-ce que la métaphyfique fans fyftême ?

J'admire beaucoup tous les hommes de génie qui ont voulu me guider dans le dédale de la métaphyfique, quoiqu'ils m'aient égaré ; mais je ne ferai point comme eux de fyftême ; il me femble qu'en général un fyftême ne prouve rien, fi ce n'eft l'efprit de fon auteur.

La Pfychologie eft la fcience de

l'ame; or il doit y avoir une Pfychologie expérimentale, comme une Pfychologie raifonnée; c'eft à la premiere que je m'attacherai; l'autre ne fert qu'à éveiller le génie du fanatifme, & à fubftituer l'art de raifonner à la raifon.

Mais y a-t-il un inftrument affez exact pour faire des expériences fur l'ame? Peut-on appliquer à notre intelligence ce prifme, dont Newton fe fervit avec tant de fuccès pour décompofer la lumiere? Nos grands Métaphyficiens en font perfuadés; j'en fçais bien la raifon; c'eft qu'ils croient tenir le prifme entre les mains.

CHAPITRE I.
THÉORIE GÉNÉRALE
de l'Ame.

Pour éclairer l'homme sur la nature de ses devoirs, il faut faire l'analyse de ses facultés; il faut le considérer quelques momens comme un être isolé, abandonné par la Nature dans le vague de l'espace, & qui n'auroit besoin que de lui-même pour exister & pour être heureux.

L'homme est composé de deux substances qui paroissent essentiellement contraires, & qui doivent cependant agir avec harmonie : c'est le corps & l'ame.

L'ame apperçoit, l'ame veut, l'ame sent : voilà donc trois facultés réellement distinguées ; c'est ce qui constitue l'entendement, la volonté & la sensibilité.

On ne peut se dispenser de traiter ici de cette partie de la Philosophie qui regarde l'ame humaine, & qu'on connoît sous le nom de Psychologie, parce que les grands principes de l'éducation reposent tous sur cette connoissance : telle est l'union intime de la théorie de cette science à la pratique, que tout étant égal d'ailleurs, un Psychologue doit être meilleur pere, meilleur ami, & meilleur citoyen qu'un homme qui ne l'est pas.

La Psychologie fournit de grands principes au droit naturel : il est en effet très-difficile de remplir les devoirs qui résultent de l'union de

K v

l'ame avec le corps, si on ne connoît pas jusqu'à un certain point le méchanisme de ses facultés; le sage de la Nature doit être Psychologue.

La morale doit à cette science autant que le droit naturel; car nos perceptions influent prodigieusement sur nos passions, en prêtant des couleurs au vice ou à la vertu, & en confondant leurs caracteres. Pope, Paschal & Malebranche, n'ont répandu tant de lumieres sur la morale que parce qu'ils avoient étudié la Psychologie expérimentale.

Cependant de tous les auteurs qui ont laborieusement compilé des syllogismes sur le droit naturel, il n'en est aucun qui ait traité de la Psychologie; cette partie est totalement oubliée dans les écrits politico-naturels de Wolf, de Cumberland & de Puffendorff; ils ont mieux aimé déviner les décisions de notre intelligence, que de les trouver en étudiant son méchanisme.

Cependant on ne s'arrêtera ici à la théorie de l'ame que pour en tirer de grands principes : on écartera avec soin toutes ces questions captieuses, frivoles ou absurdes, qu'on a honorées pendant plus de deux mille ans du nom de méthaphysique, & qui n'ont servi qu'à faire douter aux bons Philosophes s'il existoit une science de ce nom.

ARTICLE PREMIER.

De ce que nous connoissons en Psychologie.

On mettroit en deux lignes tout ce que nous sçavons sur la théorie de l'ame; mais ce que nous ignorons sur cette matiere, ne pourroit être exposé que dans d'énormes volumes.

Cependant, comme on écrit pour tous les hommes, on se croit obligé de s'étendre un peu sur nos vraies connoissances, & de se resserrer sur les questions où le Philosophe ne peut que douter.

L'Ame existe.

Le Philosophe qui croit que tout est matiere, & celui qui croit que tout est intelligence, sont peut-être d'accord sur l'ame ; ils en nient également l'existence.

Comme tout ce qu'on voit est matiere, on est d'abord porté à supposer que l'étendue est l'essence de tout ce qui existe : ce raisonnement convient à la paresse de l'esprit humain, & on l'adopte, non parce qu'il est juste, mais parce qu'il épargne des recherches.

Les hommes d'un génie actif, qui n'examinent les effets que pour découvrir les causes, raisonnent différemment ; ils disent qu'un être sans vie & sans organe ne sçauroit exister ;

que les fossiles ne forment point une matiere brute, par la raison que la Nature n'agit en eux que d'une maniere sourde & enveloppée ; enfin qu'il y a une force active répandue dans l'univers qui domine plus ou moins dans tous les êtres visibles : de-là ils concluent que l'intelligence forme la substance de tout ce que nous voyons, & que la matiere n'est qu'un instrument dont se sert cette substance pour déployer son énergie.

Cette idée qui tend à faire de l'homme un être simple, renverse l'échelle des êtres, ramene le rêve philosophique de l'ame universelle, & anéantit notre intelligence en voulant lui donner le sceptre de la Nature.

Il existe en nous une substance qui raisonne, essentiellement opposée à la substance qui digere, le méchanisme de leur union nous est parfaitement inconnu; c'eſt le grand problême de la Nature, dont l'homme eſt la ſolution, mais Dieu nous en a caché la méthode.

Un Pyrhonien nioit le mouvement; un homme de bon ſens, pour toute réponſe, ſe contenta de marcher devant lui. Si un Philoſophe nioit devant moi l'exiſtence de l'ame; je lui dirois : tu parles : tu veux me convaincre, tu es aſſez réfuté.

Je n'aime point l'hypotheſe abſurde de Berkeley, mais je penſe que l'exiſtence de l'ame eſt bien mieux démontrée que celle du corps. Nous ne pouvons juger que la matiere exiſte que par le rapport vague de nos ſens; mais je penſe, & pour mon ame, il n'y a point de différence entre penſer & exiſter.

Je juge de l'exiſtence de mon ame par une conſcience intime, & de celle des autres hommes par analogie

Ce fentiment intérieur qui conftitue la penfée, eft compofé de la fenfation de mon exiftence actuelle, du fouvenir de mon exiftence paffée, & de l'efpérance que j'exifterai encore (*a*). Ainfi je porte fans ceffe avec moi une triple certitude que j'ai une

---

(*a*) Les végétaux ont peut-être la fenfation de leur exiftence actuelle; mais ils n'en ont pas d'autre. Il eft probable que les animaux réuniffent à cette fenfation le fouvenir de leur exiftence paffée; mais il n'appartient qu'aux intelligences de joindre enfemble les trois fentimens. — Je ne penfe pas qu'on ait encore envifagé, fous ce point de vue, le fyftême des êtres animés; il me femble qu'une telle idée entre les mains d'un bon Philofophe, jetteroit quelques lumieres dans le grand abyme de la métaphyfique.

ame : le sens intime, l'idée du tems, la sensation des objets extérieurs, tout se réunit à me préserver de la pénible anxiété du scepticisme.

L'Ame est un être simple.

Nous ne connoissons point d'être simple parmi les corps : le point mathématique n'est qu'une abstraction; Epicure est tombé avec ses atomes, & le grand nom de Leibnitz n'a pu procurer un instant d'existence à ses monades.

Quand on raisonne par induction, on tire de cette idée de fortes preuves pour la simplicité de l'ame; la pensée a beau se modifier de cent façons diverses, je sens qu'elle est un être indivisible; ce moi, qui apperçoit, qui compare, & qui raisonne, doit être simple, parce qu'il n'est aucun des objets qu'il apperçoit, qu'il compare, & sur lesquels il fait de bons ou de mauvais raisonnemens.

Si j'approche de mon odorat une tige de julienne, si j'écoute un air de Hasse ou un duo de Pergolese, si je me rencontre dans la solution d'un problême avec Archimede : le plaisir que je ressens ne se partage point entre deux principes ; je compare les parfums, les sons mélodieux, ou les caculs algébriques sans me partager, & j'éprouve les sensations les plus délicieuses, sans que les facultés de mon ame se confondent.

Si l'ame n'étoit pas simple, l'homme seroit un être contradictoire; pendant qu'une partie de mon ame savoureroit la mousse pétillante du vin de Sillery, une autre partie pourroit n'éprouver, en la goûtant, que la plus désagréable des sensations; pendant que je lirai Cinna, je serois en même-tems enchanté & ennuyé ; le principe de l'existence de Dieu me paroîtroit à la fois une vérité & un paradoxe.

Locke a donné atteinte à la simplicité de l'ame, en laissant douter si la matiere ne peut pas penser; des Métaphysiciens qui n'avoient pas acheté par de grandes découvertes le droit d'errer comme ce grand homme, ont appuyé ce syftême en difant qu'il n'appartient pas à des Philofophes de décider où Locke a douté, puifqu'ils ne connoiffent ni l'effence de la penfée, ni celle de la matiere; mais cette double connoiffance n'eft pas néceffaire pour démontrer la fimplicité du principe qui m'anime; il fuffit d'obferver que le fujet de la penfée étant un, & que celui de la matiere étant multiple, ces deux fubftances renferment des propriétés effentiellement inalliables; la notion des effences peut bien donner à ce raisonnement un nouveau degré d'évidence, mais elle ne sçauroit en altérer la justesse.

Il y a des modernes qui ont employé plusieurs volumes à réfuter deux pages de Locke. Comme ils s'appuyoient sur le système des idées innées, qu'ils affirmoient toujours, & ne doutoient jamais, & qu'ils employoient beaucoup d'injures & peu de raisons (*a*); les hommes simples

―――――――――――

(*a*) On peut mettre dans cette classe le feu pere de la Roche, qui a fait en deux gros volumes le Traité de la Nature de l'Ame, & de l'origine de ses connoissances : cet auteur a eu quelque célébrité chez les hommes qui jugent des lumieres par le zele, & du talent par la cause ; mais le Philosophe ne fera jamais un grand métaphysicien, ni un génie sublime de l'écrivain qui, après avoir

& droits ont jugé de la cauſe par ſes défenſeurs, & ils ſont devenus partiſans de Locke ſans l'entendre.

D'un autre côté un homme connu

lu Locke, défend le paradoxe des idées innées, qui admet toutes les rêveries de Deſcartes & de Malebranche, non parce qu'ils raiſonnent avec juſteſſe, mais parce qu'ils ſont Deſcartes & Malebranche ; qui fait de Bacon un Matérialiſte, parce qu'il diſtingue l'ame ſenſitive de l'ame intelligente, *tom.* 1, *p.* 166.— Qui refuſe aux bêtes mêmes des ſenſations, *ibid. p.* 184.— Qui ſe propoſe d'éclairer les hommes dans les abymes de la métaphyſique, & qui dit gravement que l'être de la connoiſſance habituelle eſt une perception perſévérante, mais ſombre & foible, *tom.* 2, *p.* 64, & qu'il y a dans les enfans, & dans les barbares des idées à la fois ſombres & réelles, indiſtinctes & invariables, foibles & perpétuelles, *ibid. p.* 72.— Qui affirme qu'un

DE LA NATURE. 239

par l'étendue de ses connoissances, a défendu Locke, sans le nommer, par tous les sophismes qu'une imagination brillante peut produire (a).

---

enfant conçoit très-bien que Dieu est un esprit pur, infiniment parfait, éternel, &c. *ibid. p.* 182. — Qui assure que le gracieux est le dominant de la musique, *ibid. p.* 232, & que la beauté du style d'Athalie fait une des preuves triomphantes de notre religion, *ibid. p.* 256.— Qui ose dire qu'un souverain est juste & sage quand il condamne des enfans innocens au supplice de leur pere coupable, *ibid. p.* 352, &c. &c. &c. Tant d'erreurs de la part d'un homme qui n'a rien créé ne donnent aucun droit à la célébrité, dans un siecle philosophique ; il faut pour se faire lire éclairer les hommes, ou que ses erreurs du moins portent l'empreinte du génie : tels ont été Descartes, Locke, Malebranche & Leibnitz.

(*b*) Voici quelques réflexions sur une

Il a donné à l'erreur les livrées de l'esprit, & le commun des lecteurs l'a prise pour la vérité.

---

note célebre du premier discours du livre de l'Esprit.

On devroit, peut-être, chercher dans la différence du physique de l'homme & de l'animal la cause de l'infériorité de ce qu'on appelle l'ame des animaux. — Cela est vrai pour l'ame sensitive, & non pour l'ame intelligente ; au reste, ce principe sensitif n'est pas plus matiere dans l'huître, que dans l'homme qui est au plus haut degré de l'échelle animale, c'est vraiment une ame.

La différence d'organisation entre nos mains & les pattes des animaux, prive ces derniers du sens du tact & de l'adresse pour faire des découvertes. — 10. Ce fait est contredit par l'Histoire Naturelle, le singe, quelques poissons antropomorphes, comme l'anac d'Amboine, ou le pece-muger des mers du Brésil, & ces hommes marins, dont

Malgré

DE LA NATURE. 241

Malgré tant de causes qui affermissent sur la terre l'empire du préjugé, l'idée d'une ame matérielle sera toujours une contradiction pour l'homme droit qui n'interroge personne, mais qui réfléchit & qui étudie

---

tant d'auteurs confirment l'existence, ont tous des mains comme nous, sans avoir franchi les limites de l'animalité. *Voy.* le traité d'Aldrovande de *Piscibus*; le *tom.* 17 de l'hist. géner. des voyages; Kircher, *art. Magnet. Lib.* 6; le second volume de Telliamed; les considérations philosophiques sur la gradation naturelle des formes de l'être, &c.

2°. Toutes nos idées ne viennent pas du sens du tact. Je voudrois bien sçavoir, par exemple, quel rapport il y a entre lui & le calcul des infiniment petits.

La vie des animaux, en général plus courte que la nôtre, ne leur permet pas d'observer comme l'homme, & d'avoir autant d'idées ― En général les poissons qui habitent un

Tome II.   L

son cœur plutôt que les livres de métaphysique.

Si l'ame étoit matérielle elle pourroit donc être confondue avec le corps ; mais il s'enfuivroit de ce principe d'étranges conséquences ; on jugeroit de la force de l'intelli-

---

élément plus uniforme que le nôtre, vivent plus que nous. On a connu des carpes âgées de cent cinquante ans: de plus la longueur de la vie ne prouve pas l'étendue des idées, Moliere obfervoit plus les hommes en un quart-d'heure, qu'Annibal de Marfeille ne les a obfervés en cent vingt ans.

Je n'étendrai pas davantage cette critique ; c'eft à ceux qui liront le livre de l'Efprit à la continuer ; ils réfuteront toujours cet ouvrage avec équité, quand ils diftingueront l'auteur de fes paradoxes ; & qu'ils n'auront ni l'ame d'emprunt des feftaires, ni le petit efprit des perfécuteurs.

gence par le diametre de la machine; & il fe trouveroit que le corps fvelte & effilé de Virgile auroit bien moins d'ame que l'épaiffe circonférence de Vitellius.

Ceux qui font de l'ame une matiere extrêmement fubtile, ne font gueres moins abfurdes. Qu'eft-ce que des atômes intelligens? Où feroit leur centre de réunion? Comment un petit cube de matiere enchaîne-t-il le paffé avec l'avenir, décompofe-t-il l'entendement humain, fait-il la Henriade?

Si l'ame étoit matérielle, une idée occuperoit toute l'étendue penfante, & alors d'autres idées ne pourroient s'y loger; ou bien cette perception n'en occuperoit qu'une partie, & alors le fujet de cette perception feroit à la fois penfant & non penfant: on n'a jamais répondu à ce dilemme.

Les partisans de l'ame matérielle n'expliqueront jamais comment un seul *moi* peut être composé d'un million d'idées; comment une péception peut avoir des degrés de masse ou de vîtesse; comment l'activité de l'ame peut se concilier avec la force d'inertie qui est le partage de la matiere.

L'ame est donc un être simple : cependant elle peut approuver à la fois deux sentimens, & percevoir deux idées; car elle juge & elle a des plaisirs relatifs; il ne lui faut qu'un instant indivisible pour goûter la symmétrie d'un édifice, l'ensemble d'une tragédie, ou l'harmonie d'un chœur de Rameau.

Il n'est pas aussi aisé de démontrer l'unité de notre ame, que sa simplicité; en effet, on voit si peu d'analogie entre la faculté de sentir & celle de combiner des idées, qu'on a dû naturellement foupçonner en nous deux principes. Ce nouveau genre de manichéifme eft un des plus ingénieux paradoxes que l'efprit humain ait inventés; fi cependant c'eft un paradoxe.

Pythagore, Bacon & M. de Buffon penfent tous les trois que l'homme intérieur eft double; il y a un principe qui le fait raifonner, & un autre qui le fait fentir (*a*). L'enten-

───────────────

(*a*) Il eft bien plus agréable d'être éclairé par M. de Buffon, que par Pythagore. Voici comment cette idée d'un double principe eft développée dans l'Hiftoire Naturelle : Il eft aifé, en rentrant en foi-même, de reconnoître l'exiftence de ces deux principes : il y a des inftans dans la vie, il y a même des heures, des jours, des faifons où nous pouvons juger, non feulement de la cer-

dement n'eſt point la ſenſibilité, & la ſenſibilité n'eſt point le corps; mais l'harmonie de ces trois ſubſtances

titude de leur exiſtence, mais auſſi de leur contrariété d'action. Je veux parler de ces tems d'ennui, d'indolence, de dégoût, où nous ne pouvons nous déterminer à rien, où nous voulons ce que nous ne faiſons pas, & faiſons ce que nous ne voulons pas; de cet état ou de cette maladie à laquelle on a donné le nom de vapeurs, état où ſe trouvent ſi ſouvent les hommes oiſifs, & même les hommes qu'aucun travail ne commande. Si nous nous obſervons dans cet état, notre *moi* nous paroîtra diviſé en deux perſonnes, dont la premiere, qui repréſente la faculté raiſonnable, blâme ce que fait la ſeconde, mais n'eſt pas aſſez forte pour s'y oppoſer efficacement & la vaincre; au contraire cette derniere étant formée de toutes les illuſions de nos ſens & de notre imagination, elle compose cet être inexplicable qu'on appelle l'homme.

Ce syftême peut être faux ; mais

---

contraint, elle enchaîne, & fouvent elle accable la premiere, & nous fait agir contre ce que nous penfons, ou nous force à l'inaction, quoique nous ayons la volonté d'agir.... Le plus malheureux de tous les états eft celui où ces deux puiffances fouveraines de la Nature de l'homme font toutes deux en grand mouvement, mais en mouvement égal & qui fait équilibre ; c'eft-là le point de l'ennui le plus profond & de cet horrible dégoût de foi-même, qui ne nous laiffe d'autre defir que celui de ceffer d'être, & ne nous permet qu'autant d'action qu'il en faut pour nous détruire, en tournant froidement contre nous des armes de fureur.

M. de Buffon analyfe bien mieux les deux principes de l'homme avec fa brillante Philofophie, que ne le feroit Py-

il me plaît, soit par sa simplicité, soit par la maniere lumineuse avec laquelle il explique les phénomenes de l'animalité & de l'intelligence; il semble donner aux hommes de génie la clef de la Nature.

L'homme est souvent en contra-

―――――――

thagore avec ses allégories & les figures inchoérentes de son style oriental.

Pour le célebre chancelier Bacon, il est certain qu'il reconnoît deux ames, l'une sensitive & l'autre raisonnable. Il prétend que la premiere est commune à tout ce qui respire, & il compte au nombre de ses propriétés la mollesse de l'air pour recevoir l'impression qui lui a été donnée, & l'activité de la flamme pour agir sur les corps. Voici le texte: — *Veniamus ad doctrinam de animâ humanâ.... hujus duæ sunt partes; altera tractat de animâ rationali quæ divina est; altera de animâ irrationali... hæc originem habet quemadmo-*

diction avec lui-même ; tout eft expliqué par le combat inftantané des deux principes.

L'ame femble naître avec le corps, fe développer avec fes organes, & fe diffoudre avec la machine qu'elle gouverne : tout cela peut arriver au principe fenfible ; mais le principe intel-

---

dum in brutis à limo terræ... aëris mollitie ad impreſſionem recipiendam, ignis vigore ad actionem vibrandam dotata.... In brutis hæc anima eſt anima principalis, cujus corpus brutorum organum ; in homine organum tantum & ipſa anima rationalis. — De Augment. fcientia. *Lib.* 4, *cap.* 3.

Cette queftion ne fera éclaircie que dans le volume fuivant ; on verra dans le drame raifonnable, que comparer des fenfations, c'eft raifonner ; & plus nous accorderons d'intelligence aux bêtes, plus nous étendrons les limites éternelles qui féparent l'ame de la matiere.

ligent, toujours semblable à lui-même, malgré la prison qui le renferme, ne descend dans l'abyme de la tombe que pour y déposer ses chaînes, & remonte ensuite libre & pur dans le sein de la Divinité.

Depuis que les hommes disputent, ils sont partagés sur l'ame des bêtes. Des Physiciens qui les voyoient agir avec intelligence, leur donnerent une ame semblable en tout à la nôtre; Descartes qui craignoit l'inquisition, en fit des automates : il vaudroit peut-être mieux leur faire part de notre principe sensible ; ce seroit un moyen de n'être ni absurde ni dangereux.

Malgré l'utilité du systême des deux principes humains, il est probable qu'il ne sera jamais universellement adopté, parce qu'il épargneroit une multitude de disputes, &

que le Métaphyſicien ne ſe regarderoit plus que comme un être paſſif, ſi on lui ôtoit la liberté de diſputer.

L'Ame est un être actif.

QUAND le tissu léger des fibres nerveuses est agité, l'ame répond à ce mouvement, & elle a une perception ou une sensation; ainsi il n'y a point d'action de la machine organisée sur l'esprit, qu'il n'y ait une réaction de l'esprit sur la machine (a).

Cette activité de l'ame est une espece de force motrice dont on peut

---

(a) Quelques Philosophes ont dit que l'ame étoit passive, parce qu'elle recevoit le mouvement des fibres sensitives. Ils l'ont comparée à un corps en repos, qu'un autre fait mouvoir en lui communiquant de son mouvement dans une proportion relative à la vîtesse & aux masses; mais d'abord un corps n'agit pas sur l'es-

calculer les effets, mais dont on ne sçauroit déterminer la cause : & il en est de même de tous les premiers principes ; Dieu nous a donné le grand livre de la Nature ; mais il en a ôté le frontispice & les titres des chapitres.

Cette force motrice de l'ame constitue ce que nous nommons la volonté ; car l'essence de la volonté consiste dans le pouvoir d'agir ; & l'exercice de ce pouvoir est ce qu'on appelle la liberté.

---

prit comme les corps agissent entre eux : de plus, en admettant l'hypothese des corps en mouvement, il est certain qu'un corps en repos, résiste au mouvement par sa force d'inertie ; ainsi les adversaires de l'activité de l'ame n'ont justifié une erreur de métaphysique, que par une erreur de méchanique.

Tous les hommes n'ont pas le même degré d'activité dans l'ame; il y a parmi eux des êtres stupides sur lesquels les sensations ne font que glisser, qui ne combinent presque jamais, & dont l'indolence se refuse au travail pénible de penser: toute l'action d'un Caffre ou d'un Chichimecas semble se borner au jeu extérieur de ses organes.

Il n'en est pas de même des hommes de génie; l'activité de leurs ames semble ne devoir se mesurer qu'à la puissance de la Nature. César, Locke & Richelieu ne recevoient jamais deux sensations sans les comparer; ce qui n'éffleuroit pas les cerveaux ordinaires, laissoit dans les leurs des traces profondes; lorsque le peuple n'avoit que de légeres sensations, ils avoient de grandes idées.

L'Ame est libre par la pensée.

JE touche à un des plus beaux privileges de la nature humaine : privilege qui doit suffire au malheureux pour le consoler du tourment d'exister ; mais dont les hommes en général sentent peu l'excellence, parce qu'ils ne craignent pas de le perdre.

Nous ne sçavons point si la pensée constitue l'essence de l'ame, ou si elle n'en est qu'une des principales facultés ; mais nous pouvons du moins affirmer que l'ame est libre par la pensée.

Le sentiment intérieur & les organes des sens fournissent à l'homme les matériaux de ses pensées ; l'ame les combine à son gré, les déplace, les analyse & les décompose ; la Nature a plus étendu son desporisme sur les objets de ses idées, que le fanatisme n'a étendu celui des Sophis de Perse sur ces millions d'esclaves qu'ils gouvernent.

J'ai parlé d'esclaves; mais si je juge des hommes par la plus noble partie d'eux-mêmes, naturellement il n'y en a point. Quelle est la puissance qui peut captiver la pensée d'un être intelligent ? Elle est libre malgré les sophismes d'un fanatique, les caprices d'un Divan, ou le cimeterre d'un despote.

S'il y a des ames qui soient devenues esclaves, il ne les faut chercher que parmi les hommes mal organisés, les despotes & les persécuteurs.

L'ame, par la pensée, secoue le joug de toutes les puissances de la terre; elle franchit aussi les limites de la Nature, & parcourt l'immense région des abstractions ; il ne lui en coûte pas plus pour créer des monstres que pour percevoir des objets sensibles ; tout me prouve l'étendue de sa liberté, & rien ne m'en désigne les bornes : Paschal pouvoit la définir comme il définissoit la Nature, un cercle infini dont le centre est partout, & dont on ne voit nulle part la circonférence.

ARTICLE II.

De ce que nous ignorons en Pfychologie, Pneumatologie, Ontologie, &c.

Il y a plufieurs années que je tente de faire de la Pfychologie la phyfique expérimentale de l'ame : chaque pas que je fais femble m'éloigner de ma carriere ; je cherche des axiomes, & je ne trouve que des doutes ; je voudrois parcourir une plaine riante & unie, & je ne rencontre que des abymes dont mon œil même frémit de mefurer la profondeur.

Voici les problèmes que je me fuis propofé d'examiner ; je n'ai encore trouvé aucune folution qui m'ait pleinement satisfait : je puis être ignorant, mais du moins je le suis de bonne foi.

C'est aux Philosophes plus hardis que moi à me conduire sans boussole dans les terres australes de la métaphysique ; cependant je suis convaincu que ni Locke ni même Malebranche n'auroient voulu me servir de pilotes.

Puisque le hasard ne sçauroit être le premier principe, pourquoi tout ce qui existe n'est-il pas nécessaire ?

✢✵✢

Tous les grands phénomenes de la Nature ne pourroient-ils pas être comparés à ces hyéroglyphes qu'on découvre de tems en tems dans les monumens de l'Egypte ; ici je vois un fleuve, là un serpent qui mord sa queue, ailleurs une figure d'homme à tête de chien; mais ce fleuve est-il le Nil? ce serpent est-il l'Être suprême? ce monstre est-il le dieu Anubis? Il n'y a que les contemporains d'Hermes qui puffent nous expliquer le fens de ces caracteres myftérieux; il n'y a auffi que l'Être des êtres qui fçache le pourquoi de tout ce qui exifte.

❖❖❖

L'Ontologie n'eft-elle pas en général, pour des intelligences auffi bornées que nous, la fcience des effets fans les caufes.

❖❖❖

L'ame, difent les Philofophes, eft une fubftance: mais qu'eft-ce qu'une fubftance? l'ignorant fe tait; le fçavant déraifonne & le filence de l'un n'eft pas plus obfcur que le jargon fcientifique de l'autre.

❖❖❖

Notre ignorance, ou, si l'on veut, nos lumieres ténébreuses sur l'essence des choses, viennent peut-être de ce que nous tirons la plupart de nos connoissances de nos sens : seroit-il donc impossible qu'un être à qui la Nature auroit donné plus d'organes qu'à l'homme, que Micromegas par exemple, vît les roues & les poulies de la grande machine, dont nous ne voyons que les opérations ?

✤✲✤

Le Métaphysicien peut-il calculer l'intervalle immense qui se trouve entre l'essence réelle des choses, & l'essence nominale ?

✤✲✤

Prouve-t-on par la raison qu'il y a des esprits purs ? S'ils existent, sont-ils supérieurs aux êtres mixtes ?

✤✲✤

Qu'est-ce que l'espace pur ou l'étendue spirituelle admise par Clarke & Newton ? Ces hommes de génie se sont-ils contredits, ou leurs lecteurs manquent-ils d'intelligence ?

✢✶✢

Quand Descartes a affirmé (a) que nous avions de l'esprit une notion plus claire que de tout autre être, n'a-t-il pas voulu seulement faire entendre qu'il avoit beaucoup plus d'esprit que la plupart de ses lecteurs?

✢✶✢

Tous les êtres ont-ils une conscience intime de leur existence ?

✢✶✢

Que désigne le nom d'ame donné au principe qui nous anime? On voit les planetes décrire d'immenses el-

---

(a) *Voyez* réponses aux cinq objections contre la seconde méditat. métaphys.

DE LA NATURE. 263

lypſes, & on prononce le mot de mouvement; on voit une pierre tomber, & on prononce celui de gravitation: mais y a-t-il des êtres réels qu'on puiſſe nommer ame, mouvement & gravitation (*a*) ?

──────────────────────

(*a*) Il n'exiſte point d'ame en général, mais il y a une infinité d'êtres particuliers qui animent les corps ſans partager leurs ſubſtances. Il en eſt de même de la matiere qui n'exiſte que par les corps particuliers que nous appercevons. On a donné le nom d'ame à la collection des attributs des êtres qui penſent, & celui de matiere à la collection des attributs des corps; mais l'ame & la matiere ne ſont que des êtres métaphyſiques. Ce principe univerſellement reconnu, auroit épargné aux hommes bien des erreurs, & ce qui n'eſt pas moins triſte, bien des crimes à ceux qui ont voulu punir ces erreurs.

Pour connoître l'ame ne seroit-il pas nécessaire de l'envisager hors de l'influence des sens, & loin du jeu des fibres organiques ? Mais la raison conçoit-elle mieux une ame humaine séparée du corps, qu'une mer sans eau, & une montre sans rouages ?

✢✳✢

Une ame sans corps, ou un corps sans ame, donneroient-ils une idée même imparfaite de l'homme ?

✢✳✢

Philon & Avicenne donnoient une ame intellectuelle aux étoiles; Simplicius, trois de nos sens, & Saint Thomas, une ame sensitive : faudroit-il en conclure que la nature de l'homme ne differe pas de celle des signes du zodiaque ?

✢✳✢

Il y a eu des Philosophes qui ont affirmé que notre ame n'étoit pas
distinguée

distinguée de Dieu ; d'autres nous ont fait part de celle des intelligences supérieures; une foule de Métaphysiciens a confondu notre ame avec celle du monde : ne seroit-il pas plus simple de dire que l'homme a son ame, comme Dieu a son intelligence, comme une rose a le principe qui la fait végéter ?

✦✶✦

J'ai demandé aux Philosophes de tous les âges ce que c'étoit que l'ame ; Thalès m'a répondu que c'étoit une nature en mouvement ; Aristote, l'acte premier d'un corps organique ; Dicéarque, les concordances des quatre élémens; Anaxagore, de l'air ; Hyppon, de l'eau ; Démocrite, du feu ; Lucrece, un atôme ; Epicure, Hobbes & Spinosa, un amas de corpuscules agités ; d'autres enfin, un souffle, de l'éther, une quintessence, un nombre, ou une entéléchie. — J'ai admiré toutes ces sçavantes définitions, mais je suis resté dans mon ignorance.

❖❋❖

Dans mon incertitude, j'ai voyagé dans le Monde de Descartes ; ce Philosophe qui a inventé la matiere subtile, la matiere cannelée, & les petits tourbillons, mais qui étoit un grand homme, m'a affirmé que la pensée étoit l'essence de l'ame : j'ai répondu en bégayant à ce Philosophe affirmatif, qu'un sujet n'étoit jamais sans son essence, & que suivant son principe, il faudroit que l'ame pensât, non seulement pendant le sommeil, mais encore dans le fœtus, ce qu'il étoit fort difficile de me démontrer ; j'ajoutai qu'il étoit évident que la pensée étoit une des facultés de l'ame, mais non qu'elle en constituât l'essence. — Le Philosophe de Stockholm me dit qu'il penseroit à cette objection, & il mourut en y pensant.

✢✵✣

Un homme de génie dans le fond de l'Allemagne déclamoit avec force contre les anciens & les modernes; il frayoit de nouvelles routes aux géometres, il détruisoit les systêmes & en bâtissoit d'autres à merveilles; c'étoit l'immortel Leibnitz; je lui communiquai mes doutes; il me dit: l'ame est une monade, ou si voulez, un miroir représentatif de l'univers. Dans cette tasse de caffé que je vais prendre, il y a, peut-être, une foule de monades qui seront un jour des ames humaines (a).

_____

(a) Leibnitz, princip. philosoph. mor.

Les monades qui me font raisonner, sont des êtres simples, qui ne sont pas plus dans le lieu que le point mathématique ; elles ont des rapports sans commerce réciproque, & elles agissent avec harmonie sans aucun concert d'activité. — Je quittai Leibnitz, accablé de son génie, mais tout aussi ignorant. Le dernier Philosophe que j'ai consulté sur l'essence de l'ame, est Locke ; ce bon homme me dit, avec simplicité, qu'il n'en sçavoit rien, & je fus guéri alors de la manie de tout sçavoir.

✢✢✢

Connoît-on mieux la génération des ames que leur essence ?

✢✢✢

Tertullien fait venir en droite

---

géometr. démonstr. *Theorem.* lxxxvj, *Schol.* 3.

ligne nos ames de celle d'Adam (*a*), & l'inventeur des monades appuie par ses raisonnemens l'idée de cet arbre généalogique : cette opinion n'est-elle pas plus vraisemblable que celle de ces Théologiens Luthériens, qui enseignent comme un article de foi, que les ames sont engendrées par les ames (*b*) ?

✦✶✦

Si l'ame n'existoit pas dans le germe avant qu'il fût développé, concevroit-on la méchanique de leur union ? Faudroit-il supposer les ames errantes

---

(*a*) *Anima velut surculus quidam ex matrice* Adami *in propaginem deducta & genitalibus semine foveis commodata pullulabit, tam intellectu quàm & sensu.* Tertull. de animâ, cap. 19.

(*b*) Christophle Wolfflin, Dissertat. choisies.

dans le vague de l'espace, & attendant pour animer les corps, les caprices de l'amour?

✤✻✤

L'esprit dans le germe a-t-il une conscience intime de son existence?

✤✻✤

Pourquoi l'esprit ne se rappelle-t-il pas la gradation de son intelligence depuis qu'il habitoit dans le germe, jusqu'au moment où il eut des sensations, & de là jusqu'au tems où il commença à raisonner?

✤✻✤

Comment l'homme passe-t-il de l'état d'être capable de sentir & de penser, à celui d'être qui sent & qui pense?

✤✻✤

Par quelle singuliere méchanique une substance non étendue peut-elle être unie à une substance étendue?

✤✻✤

Quelle est la nature de l'action de l'ame sur la matiere ? Nous sentons bien qu'il y a un agent dans l'homme ; mais comment opere cet agent ? Nos brillantes théories ne se bornent-elles pas toujours à calculer les effets & à déraisonner sur les causes ?

✢❋✢

Pourquoi les facultés de l'esprit, qui n'est point un corps, suivent-elles les progrès de l'organisation du corps qui n'est point esprit ?

✢❋✢

Comment l'ame agit-elle dans l'intérieur de l'homme, & réagit-elle sur la matiere ? Qu'est-ce que son mouvement, puisqu'elle n'est pas étendue ?

✢❋✢

Est-ce raisonner avec justesse que de dire : telles qualités appartiennent nécessairement à l'esprit, parce qu'il eſt évident qu'elles ſont contradictoires avec les propriétés de la matiere ?

✣✤✣

Nous qui raiſonnons avec tant d'eſprit ſur la matiere, avons-nous quelqu'idée claire de ſes propriétés ? Qu'eſt-ce que l'étendue ? Quand l'antiquité l'a défini, *partes extrà partes*, elle a dit : l'étendue eſt l'étendue; ce qui n'eſt pas prodigieuſement lumineux.

✣✤✣

Y auroit-il quelque rapport ſecret entre l'activité de l'ame & l'activité de la matiere ? Si ce rapport exiſte, le compas de la métaphyſique peut-il le meſurer ?

✣✤✣

Quelle eſt la nature de ces eſprits animaux dont les vaiſſeaux même qui les filtrent ſont hors de la portée de nos microscopes, qu'on a soupçonné avoir beaucoup d'analogie avec le fluide électrique, & qui ont tant de pouvoir pour remuer les facultés de notre ame ? Cette matiere singuliere nous est-elle plus connue que la matiere subtile, ou la matiere cannelée ?

✣✲✣

Peut-on imaginer avec quelques Psychologues, dans les esprits des nerfs, une composition analogue aux cinq sens, & qui se divise au gré de l'ame, comme les sept couleurs de la lumiere à la voix de Newton ?

✣✲✣

Qui pourroit m'expliquer pourquoi mes sensations me trompent moins que mon entendement ? Je ne prends point une rose pour une perle, mais tous les jours je prends de petits effets pour de grandes causes; il sem-

M v

ble que la vérité foit dans les objets, plutôt que dans mon efprit qui les compare.

✦✺✦

Quels font les rapports entre les idées que l'ame reçoit par un fens, & les idées qu'elle reçoit par un autre ? Pourquoi la méchanique de chaque fens a-t-elle fes regles à part ? Il y a un intervalle infini entre le parfum d'une rofe & les couleurs brillantes du prifme de Newton, & cependant mon ame peut jouir à la fois des deux fenfations ; elle unit deux fentimens inalliables.

Dans le phénomene de la vifion, comment les faifceaux lumineux agiffent-ils fur la rétine ? Comment la rétine agit-elle fur le nerf optique ? Et comment le nerf optique agit-il fur l'ame ?

✦✺✦

Y a-t-il des molécules organiques ? Si elles exiftent, quel eft le pouvoir de l'ame fur ces atomes fenfibles ?

✤✲✤

Eft-il vrai que la volonté & l'entendement foient deux facultés paralleles, & que leurs opérations foient femblables (*a*)?

✤✲✤

Quelles font les bornes qui diftinguent dans l'homme l'agent libre de l'agent néceffité ?

✤✲✤

Je fuis libre; mais pourquoi mon œil, ma langue & ma main obéiffent-ils à ma volonté, & que mon fang n'y obéit pas ?

✤✲✤

(*a*) *Voy*. action de Dieu fur les créatures, feptieme fection, p. 240. — Ouvrage que fon auteur feul a été à portée d'entendre.

L'idée de Locke, que la néceſſité de chercher ſon bonheur eſt le fondement de la liberté, ne ſeroit-elle qu'un paradoxe?

✢✶✢

On dit que l'idée eſt un mode de l'ame; mais peut-on avoir une idée claire d'un mode, quand on n'en a point de la ſubſtance?

✢✶✢

Le mouvement d'une fibre organique fait naître une idée; mais qu'eſt-ce qu'une fibre organique? Eſt-elle compoſée d'autres fibres qui ſe ſubdiviſent à l'infini, ou bien eſt-elle compoſée de corpuſcules élémentaires?

✢✶✢

Pouvons nous avoir une idée claire des modifications de l'ame? concevons-nous comment elle devient rouge en voyant de l'écarlate, & comment elle fent le mufc lorfqu'on approche ce parfum de l'odorat ?

✦✵✦

Quel eft le fiege de l'ame, ont demandé les Philofophes ? Eft-ce le cœur ? Eft-ce le corps calleux ? Eft-ce le centre ovale, ou le tiffu nerveux ? Faut-il le placer avec Defcartes dans la glande pinéale, avec Willis à l'origine de la mouëlle alongée, ou avec Boerhaave dans la fubftance médullaire du cerveau ? Je fuis moins étonné de l'abfurdité des réponfes, que de celle de la queftion. Quoi ! penfe-t-on que l'ame foit renfermée dans le corps, comme une effence eft contenue dans un vafe ? Placer l'ame dans le plus petit point du cerveau eft une erreur auffi grande que de la loger dans le foleil.

✦✵✦

L'anatomie femble avoir prouvé

que le cerveau eſt le centre unique où aboutiſſent les faiſceaux, ſoit de fibres ſenſitives, ſoit de fibres intellectuelles; mais la théorie de l'ame n'en eſt pas plus avancée. Quel eſt le Philoſophe capable de nous tracer l'hiſtoire des opérations du principe penſant qui réſide en lui ? Et quand même il en auroit le pouvoir, cette anatomie d'un individu pourroit-elle s'appliquer au ſyſtême général des eſprits?

✤✲✤

La raiſon nous éclaire-t-elle davantage ſur la deſtinée future de l'ame, que ſur ſon origine ou ſur ſon eſſence? Elle nous dit qu'elle eſt immortelle; mais elle s'arrête-là. S'il ne s'agiſſoit que de bâtir d'ingénieuſes hypotheſes, on ſatisferoit aiſément, non les Philoſophes, mais les curieux : la doctrine de Pythagore sur la transmigration des ames parut long-tems à l'Orient l'évangile de la raison. Le siecle dernier vit naître en Angleterre un nouveau système sur la métempsycose qui rend raison de tout, qui est utile au genre humain, & à qui il ne manque, pour faire fortune, que d'être vrai : suivant Kettlewel, son inventeur (*a*), Dieu accorde à chaque ame douze révolutions ou périodes de vie dans le même corps ; ces périodes ne se succedent pas immédiatement, le ciel met entr'eux un intervalle d'une heure, c'est-à-dire de trois cents quarante-trois ans & demi (*b*) ; quoique

―――――

(*a*) Voy. *Two hundred queries moderately propounded*, &c.

(*b*) Ce singulier calcul vient de ce qu'il est dit au Pseaume 90 de David, que mille ans sont devant l'Eternel comme une veille de nuit.

l'ame gouverne toujours la même machine, l'homme qui en réfulte, ne paroît pas le même dans le monde; fuivant la conduite que le principe penfant a tenu dans fa derniere prifon, l'homme tantôt de roi devient matelot, tantôt de matelot devient roi; cependant il faut à cet être intelligent une vie de mille ans pour mériter ou démériter devant l'Être fuprême.— Ce fyftème confirme l'idée que nous nous formons de Dieu, comme d'un bon pere, puifqu'il faut mille ans pour attirer fur nous fes vengeances éternelles; il juftifie la providence fur la terre, en mettant l'ame d'un defpote dans le corps d'un Negre d'Angola; il m'empêche de blafphêmer contre l'auteur du mal phyfique, puifque je dois jouir dans le dix-huitieme fiecle du bonheur que le ciel m'a refufé dans le quinzieme; cette hypothese enfin satisfait à tout; il est bien triste que ce ne soit qu'une hypothese.

CHAPITRE II.

HISTOIRE DE L'AME.

Voici le canevas d'un ouvrage qui manque au genre humain, son exécution suppose la sagacité de Boyle dans les expériences, la brillante imagination de Malebranche, la profonde raison de Locke, les connoissances universelles de Leibnitz, & peut-être la plume de Montesquieu; mais si ce livre étoit bien fait, il rendroit inutile l'Encyclopédie & les Bibliotheques.

L'idée que je propose, ne doit m'inspirer aucune fierté; je ressemble à l'artiste qui indique le bloc de marbre où des hommes de génie doivent sculpter l'Apollon du Belvedere, la Vénus de Médicis ou l'Antinous, modeles éternels du vrai beau pour tout ce qui n'est pas barbare.

La Nature ne multiplie point les prodiges, elle n'en a fait qu'un seul; c'est la formation de l'univers : l'idée de ce prodige est éternelle comme son auteur.

Ce grand principe conduit au dogme de la préexistence des germes. Rien ne sort du néant, mais tout ce que nous voyons, croît & se développe; les fossiles végetent, les plantes s'organisent, les animaux se multiplient, & l'ame seroit la seule dans le système des êtres qui n'existeroient que par les prodiges multipliés de la création!

Non non, rien ne se crée dans la Nature, & rien ne s'anéantit; mais tout est germe & métamorphose.

L'ame existe dès le premier des

inſtans dans le germe organique des hommes. Cette exiſtence d'un être intelligent, dans un point de l'étendue, ne peut ſe définir; mais c'eſt une énigme de la Nature, & non pas une contradiction.

On a dit que l'ame ne pouvoit ni ſentir, ni penſer, ni vouloir avant la fécondation du germe (*a*); cette aſſertion eſt hardie : car alors qu'eſt-ce que l'ame ? Mais s'il eſt difficile de ſe rendre à cette opinion, il l'eſt encore plus de la nier.

En ſuppoſant l'ame automate, juſqu'à la formation du fœtus, peut-on aſſigner l'inſtant où elle commence à faire uſage de ſes facultés ? Pythagore qui faiſoit deſcendre les in-

―――――――――

(*a*) De la Nature, par J. B. Rebinet, Tom. I, part. 4.

telligences du Zodiaque, croyoit qu'elles ne se rendoient dans les germes que quatorze jours après la comception de l'animal ; mais Pythagore parloit à des hommes persuadés, non-seulement de ce qu'il disoit, mais encore de tout ce qu'il devoit leur dire.

Je ne vois aucune difficulté à croire que l'ame, dès que le germe est fécondé, a le sentiment de son existence ; mais ce sentiment est de la plus grande foiblesse ; il faut que notre entendement s'agrandisse pour découvrir le fœtus intelligent, comme il nous faut un microscope pour découvrir le fœtus matériel.

Ce fœtus a une tête, par conséquent un sensorium, & le mouvement imprimé aux nerfs qui y répondent, se continue par l'organisation de l'animalcule, jusqu'à la destruction de la machine.

Si quelqu'un doutoit de la prodigieuse magnificence de la Nature dans les infiniment petits, je le prierois d'observer que le microscope a découvert 5100 œufs dans les ovaires d'une mere abeille (*a*); que Leuwenhoeck a compté 3181 yeux sur la cornée d'un scarabée (*b*), & que la semence d'un seul puceron en a produit 5904900000 avant la sixieme génération (*c*).

Si nos regards ne pénetrent pas plus avant dans l'abyme des infiniment petits, nous ne devons en accuser que la foiblesse de nos microf-

---

(*a*) *Biblia Naturæ* de Swamerdam.
(*b*) Dictionn. d'Hist. Natur. au mot insecte.
(*c*) Mémoire sur les insectes de Réaumur, *Tom.* 6, pag. 565.

copes; un germe est un monde d'êtres animés, dont chaque individu est lui-même le germe de mille mondes.

Dès que les esprits filtrés par le cerveau coulent dans les nerfs du fœtus, l'ame doit éprouver des sensations; mais il est probable que l'organe du tact est le seul qui ait quelqu'activité, tous les autres lui sont inutiles dans la prison où il est renfermé, ils ne feroient qu'aggraver le sentiment douloureux de son existence.

Dès que l'ame tient à la nature par l'organe du toucher, elle a quelques sentimens de plaisir & encore plus de sensations de douleur; le fœtus ne respire pas encore, & déjà il atteste par ses malheurs qu'il est homme.

Tant que l'embryon reste sous la

forme d'une ovoïde dans la liqueur de l'amnios, il est sans mouvement & l'ame paroît sans activité; mais dès que le corps se dessine, que la tête s'organise & que les battemens du cœur deviennent sensibles, l'homoncule commence à s'agiter dans sa prison; cette faculté de se mouvoir, semble se communiquer à l'intelligence; & l'action du corps sur l'ame est toujours suivie d'une réaction.

Depuis qu'on a substitué les lumieres de l'Anatomie aux rêveries des sages-femmes, on ne pense plus que les impressions d'une mere influent sur le cerveau de son enfant; on n'explique plus par quelle sympathie un fruit vainement desiré par une femme, est représenté sur le corps d'un nouveau-né, & le physicien ne croit plus que des idées de frayeur ou de frivoles

frivoles appétits soient écrits sur l'épiderme d'un fœtus (*a*).

L'embryon n'emprunte donc point l'ame de sa mere, il a la sienne propre; tranquille au sein de l'amnios, tandis que les passions déchirent le tissu nerveux qui enveloppe sa demeure, il sent par son organe du tact, il s'agite dans sa liqueur, mais il n'a point encore de préjugés.

(*a*) Il est prouvé que le fœtus ne tient à la matrice que par de petits mammelons extérieurs à ses enveloppes, qu'il n'y a aucune communication entre le sang de la mere & les vaisseaux de l'enfant, que le petit embryon a ses organes & ses mouvemens particuliers, &c. *Voyez* l'Hist. Natur. de M. de Buffon, *édit. in*-12, *tome* 4, *pag.* 112; mais la marche de la vérité est si lente, qu'il se passera encore bien des siecles, avant que le sexe revienne de ses préjugés.

Enfin l'heure vient où le fœtus perce les membranes qui le captivent, abandonne un séjour qui ne peut plus le contenir, & respire pour la premiere fois; son ame s'ouvre alors toute entiere aux impressions de la douleur; l'air agite ses fibres, & comprime ses organes ; la lumiere fatigue ses yeux qui commencent à s'ouvrir, & les premiers sons que forme sa voix, sont des soupirs plaintifs & des cris étouffés. L'homme, en entrant dans le monde qu'il doit habiter, tressaille d'horreur, comme un criminel à l'aspect de l'échafaud où il doit mourir.

Le nouveau-né n'apprend que par des efforts pénibles à faire usage de l'instrument de ses sens ; il éprouve ses organes, & chaque expérience lui coûte une nouvelle douleur; pendant les quarante premiers jours il gémit & crie sans cesse; après cet intervalle, il commence à pleurer, & c'est une preuve qu'il souffre moins; bientôt les pointes de la douleur s'émoussent, les ombres qui couvroient le tableau de la vie, s'éclaircissent, & l'individu s'accoutume avec les sensations douloureuses qui suivent ou annoncent le plaisir.

A la naissance de l'homme, l'ame commence à déployer sa force motrice; elle n'est pas encore libre, mais elle obéit moins que dans l'amnios; elle pressent déja qu'elle est née pour régner.

Il paroît certain que l'ame exerce sa faculté de sentir en raison du développement de ses organes; mais le même principe s'applique-t-il à son intelligence ? Quel est le Philosophe qui osera fixer l'époque de la premiere pensée?

J'ai bien de la peine à croire que le progrès du fyftême organique amene dans la même proportion celui du fyftême intellectuel ; Louis XIV qui naquit avec des dents, n'eut fûrement pas autant de génie que ce Malebranche qu'on prit jufqu'à vingt ans pour le plus ftupide des hommes.

D'un autre côté l'organifation parfaite des fens doit donner un plus grand reffort à l'intelligence. Montagne & Newton qui reçurent de leurs peres un corps bien conftitué, eurent auffi le génie le plus vigoureux. On fent, en lifant leurs écrits, que la Nature eft épuifée, & qu'elle a rompu le moule de ces grands hommes.

Quoi qu'il en foit de l'époque où l'ame commence à exercer fa faculté de penfer, on ne peut douter que fa premiere perception ne foit de la plus grande foibleſſe ; ce mouvement eſt, ſi j'oſe m'exprimer ainſi, le crépuſcule de l'entendement.

Il me ſemble qu'on pourroit comparer la premiere perception de l'homme enfant avec la plus fine de l'ourang-outang dans la force de ſon âge ; cette nouvelle maniere d'enviſager la Nature, pourroit éclairer le Philoſophe ſur les nuances inſenſibles qu'elle obſerve dans la grande échelle des êtres.

Pourquoi en effet l'homme naiſſant ne reſſembleroit-il pas à l'animal perfectionné ? Pourquoi l'animal au premier moment de ſa vie, n'auroit-il pas la ſtupidité du végétal le plus développé ? Pourquoi le végétal dans ſon germe ne ſe confondroit-il pas avec les foſſiles ?

Cette idée peut n'être qu'un paradoxe ; mais elle fait penſer, & par-là elle a quelque chose de commun avec les grandes vérités.

Dès que l'ame a acquis assez d'activité pour distinguer les perceptions nouvelles d'avec les perceptions passées, elle fait usage de sa mémoire. Cette nouvelle faculté multiplie les occasions de combiner les sensations; elle crée pour l'enfant un nouveau monde, comme le télescope a créé un nouveau ciel pour les Astronomes.

Cependant toutes les idées qui affectent l'homme, lorsque son corps est encore dans un état d'inertie, n'ont pas la même vivacité; si les fibres sensitives ne causent que des impressions douloureuses, l'ame fait effort pour ne pas s'y arrêter; si le sentiment est celui du plaisir, elle le rend par sa réaction plus durable; & voilà l'origine de cette faculté intellectuelle qu'on nomme l'attention.

Malgré tous ces progrès de l'entendement, l'ame n'a fait encore qu'un pas dans l'immenfe carriere qu'elle doit parcourir; tant que l'enfant eft privé de l'ufage de la parole, il a plutôt la faculté de l'intelligence qu'il n'eft intelligent.

Je touche à l'époque d'une révolution dans l'efprit humain. Comment par de fimples battemens de la langue & des levres, l'homme a-t-il lié fociété avec tous les habitans de la terre? Par quel prodige inconcevable l'être qui penfe a-t-il entrepris de parler?

Le premier langage de l'homme ne confifte qu'en des cris mal articulés & quelques geftes qui les accompagnent. Voilà les fignes naturels par lefquels il exprime fes befoins, & il y a loin de là aux fignes arbitraires qu'on leur a substitués.

On peut étendre le langage des cris en variant leur intonation : tel est, dit-on, l'idiome des Hottentots; ces sauvages s'entendent, non parce qu'ils parlent, mais parce qu'ils sont musiciens.

Le langage des signes peut aussi se perfectionner ; on sçait qu'à Rome il y avoit des acteurs qui exécutoient en pantomime les tragédies les plus compliquées. Encore aujourd'hui chez les monarques Asiatiques les Muets du serrail ont de longues conversations avec l'Eunuque qui les préside; ils ont encore plus d'éloquence avec les femmes.

L'art a substitué au langage des cris & des gestes ce langage de convention qui consiste à articuler des mots arbitraires, & à combiner à l'infini ces articulations; l'éducation rend aujourd'hui ce langage familier, & l'enfant au berceau apprend en deux mois, ce que le génie n'a pu créer qu'après plusieurs siecles de travaux.

L'enfant qui entend plusieurs fois prononcer le même mot, y attache une idée, sur-tout si ce mot exprime un de ses besoins; bientôt l'ame qui se plaît à exercer sa force motrice, tente de rendre l'idée qu'elle a conçue. J'entends la machine organisée parler, & voilà l'être intelligent.

La sphere de l'entendement s'agrandit de plus en plus : les idées des hommes de génie servirent primitivement à perfectionner les mots; maintenant les mots prononcés par l'enfant servent à perfectionner ses idées.

Depuis que l'homme parle, son intelligence ne fait plus que des pas de géant. Je crois voir Gama qui double le Cap de Bonne-Espérance : le premier pas est fait, & les Indes orientales sont découvertes.

Il n'y a pas si loin de l'art de parler à l'art d'écrire, que des signes naturels à l'art de parler; il est fort simple qu'un homme qui connoît l'utilité de la parole, desire de se faire entendre dans des lieux où il n'est pas; & s'il aime la gloire, dans des temps où il ne sera plus; il ne faut qu'un amant passionné pour inventer l'écriture; mais trente Leibnitz suffiroient à peine pour créer la premiere langue.

A la naissance des sociétés l'homme ne fit de l'écriture qu'une représentation physique des objets qu'il vouloit exprimer; ensuite on substitua à ces hyérogliphes des figures de convention; mais tant que l'écriture ne désigna que des idées, on ne put se faire entendre qu'en traçant péniblement des figures ou en multipliant prodigieusement les caracteres. Un prêtre Egyptien devoit consumer un tems infini à dessiner des figures symboliques : un Lettré Chinois, dont la langue est composée de quatre-vingt mille caracteres, doit passer sa vie à apprendre à lire ou à écrire, & c'est autant de tems perdu pour le génie.

L'écriture qui substitue les signes représentatifs des mots aux signes représentatifs des idées, est la meilleure, parce qu'elle est la plus simple. Il en est d'elle comme de la monnoie, qu'on a préféré à l'échange des effets pour faciliter le commerce.

L'homme qui a le bonheur de naître chez un peuple qui parle & qui écrit, a de prodigieuses avances pour perfectionner l'art de penser; l'éducation fait tout pour lui, elle l'enrichit des idées de mille hommes & lui épargne mille ans de travaux.

Que Paschal naisse chez les Hottentots ou chez les Chichimecas qui sifflent au lieu de parler, & qui n'ont pas même d'hyérogliphes, ses fibres intellectuelles seront toujours paralytiques; mais il naît en France, & à quatorze ans il crée la géométrie.

On s'apperçoit que l'ame dont je trace l'histoire, n'habite plus le corps d'un enfant: déjà elle s'apprivoise avec les abstractions; déjà les idées universelles, les êtres moraux, les substances métaphysiques existent dans son intelligence; c'est alors que l'auteur de la Henriade fait Œdipe, & que Montesquieu jette les fondemens de l'Esprit des loix.

Un jeune homme étend la sphere de son entendement en plaçant les idées dans sa tête sous la forme d'un arbre encyclopédique, le génie trouve cette méthode, & l'éducation la donne.

Il ne faut pas s'imaginer qu'un jeune homme pense de la même façon qu'un enfant, & comme il pensera dans un âge mûr; les objets sont toujours les mêmes, mais le miroir où ils se réfléchissent ne l'est pas; l'ame voit sans cesse, mais elle change aussi sans cesse de télescope.

Si la jeunesse est l'âge d'or de la vie, c'est que l'ame est alors plus apparente dans l'homme; on la découvre aisément au travers du voile transparent de la physionomie; la sérénité du visage marque la douce harmonie des pensées; chaque passion y imprime son caractere, & le corps n'est plus qu'un tableau mobile, où tout ce qui se passe dans le principe intérieur eſt repréſenté.

Non-ſeulement le viſage d'un jeune homme décele l'ame agitée par le choc des paſſions véhémentes, mais leurs nuances même les plus inſenſibles viennent s'y caractériſer. Des yeux ternes, un teint décoloré, un ſon de voix affoibli m'annoncent que ſon ame a perdu ſa ſérénité ; des ſoupirs étouffés, des muſcles tendus, des larmes qui coulent, atteſtent la gradation de ſa douleur ; ſi outre cela il lui échappe des cris, je juge du déchirement qu'éprouvent ſes fibres ſenſitives ; mais je le crois au dernier période du déſeſpoir, ſi je vois tout-à-coup ſon teint devenir livide, ſes cheveux ſe hériſſer & ſa bouche reſter entrouverte ; c'eſt alors que la machine ſemble ſe diſſoudre ſous le poids de l'infortune ; c'eſt alors que le grand Corneille fait dire à un des acteurs de sa tragédie de Surena :

Non, je ne pleure point, Madame, mais je meurs (a).

Je crois voir le triomphe de l'ame sensitive dans la jeunesse de l'homme; cette aurore de la vie s'éclipse bientôt; l'âge viril vient, & une autre faculté semble remplacer le principe sensible, c'est le principe intelligent.

Oui, si le bonheur de la jeunesse est dans le sentiment, celui de l'âge mûr est dans la pensée; l'homme fait obéit moins à l'effervescence du sang; il ne mesure plus le tems par les plaisirs, mais par la succession rapide des idées; toute son existence semble concentrée dans son enten-

_____

(a) Act. 5, scene derniere.

dement; c'eſt alors que le génie ſe montre, ou bien il ne ſera jamais.

C'eſt à l'hiſtorien de l'ame à faire ici le tableau des connoiſſances humaines, à marquer le centre de réunion où toutes nos grandes vérités ſe touchent, à faire connoître les Philoſophes qui ont contribué à la maſſe générale des idées, & à ſuivre la marche de l'intelligence depuis le Samojede qui s'exprime en ſifflant, juſqu'à Locke qui écrit ſur l'entendement humain.

C'eſt dans l'âge viril que l'homme mérite ce nom par excellence; ſon ame a appris par ſes défaites à triompher des ſens; il penſe & ſa raiſon a moins à gémir des maux phyſiques qui l'environnent; on diroit qu'il ne tient à la vie que par la faculté de réfléchir : voyez comme Archimede enivré de plaisirs intellectuels, sent peu le coup mortel dont il est frappé; il continue à chercher la solution de son problême, sans s'appercevoir qu'il n'est plus qu'une intelligence.

Il est pour l'ame un point dans son midi, où elle réfléchit tous ses rayons; ensuite ses facultés se dégradent, les fibres intellectuelles perdent leur élasticité, l'entendement se couvre de nuages, & quand la machine commence à se dissoudre, le Philosophe, au milieu de ses ruines, cherche l'intelligence comme il la cherchoit sous les enveloppes de l'amnios.

C'est ici que la philosophie doit expliquer comment le corps du vieillard, en se consolidant, dessèche l'humide radical qui est le principe de la vie; pourquoi les fibres sensitives perdent leur ressort, & quel rapport il y a entre le dépérissement des sens & l'éclipse de l'intelligence.

En réunissant sous le même point de vue les quatre âges de l'ame, on découvre qu'elle n'existe d'abord que par le sentiment de la douleur: dans la jeunesse elle sent avec plus de vivacité encore, mais du moins elle est dans l'élément du plaisir; l'âge viril vient, & elle regne par la pensée; lorsque l'homme s'approche de la tombe, elle pense encore, mais sa pensée est douloureuse; elle regrette de n'avoir plus aucune espece de jouissances.

Enfin l'heure fatale sonne, l'argile humain se décompose, & la tombe s'ouvre pour recevoir une vaine poussiere. Que devient alors cette intelligence dont l'homme étoit si fier ? La grande ame de Turenne est-elle anéantie? Le génie de Newton survivra-t-il à sa cendre, que je vois renfermée dans Westminster avec celle des rois qu'elle honore ? . . . Examinons.

CHAPITRE III.
DE L'IMMORTALITÉ
DE L'AME.

Il est nécessaire de s'arrêter sur ce dogme de la Nature, parce qu'il est une des bases de la morale du genre humain. De toutes les questions de la Psychologie, celle-ci est la seule où la simple théorie conduise à la vertu.

ARTICLE PREMIER.

Idées saines sur l'immortalité de l'Ame.

EST-IL vrai que le feu célefte qui m'anime, doit s'éteindre un jour dans l'abyme de la tombe, & qu'il n'y a entre moi & le néant, que ce point fugitif de l'exiftence qu'on nomme la vie ?

Le dangereux Epicure l'a dit, auffi-bien que l'obfcur Pomponace, & la multitude chez les peuples barbares (a), & le Sénat de Rome, lorf-

---

(a) Encore ne faut-il pas adopter tous les contes, que font fur ce fujet tous les voyageurs qui font aveugles, ou les Philofophes qui ont voulu l'être:

qu'il n'y avoit plus de Romains.

Malgré tant d'autorités, le sentiment intérieur, la voix de la raison & le cri de la Nature empêchent mon être de graviter vers l'anéantissement.

---

par exemple on s'appuie de l'autorité de Barbot, pour dire que les habitans du royaume de Benin nient l'immortalité de l'ame ; or voici une anecdote, tirée de cet auteur.—Quand le roi de cette partie de l'Afrique vient à mourir, on renferme dans le caveau où est le cadavre, des esclaves vivans ; le lendemain on leve la pierre, & un seigneur demande par l'ouverture aux Negres, s'ils ont rencontré le roi : si ces malheureux donnent encore quelque signe de vie, on referme le caveau, & on répete le lendemain la même cérémonie, jusqu'à ce qu'on n'entende plus rien ; alors on conclut que les esclaves ont rencontré sa majesté, & qu'ils l'accompagnent dans son voyage.—*Voyez* Barbot, *pag.* 366.

Je voudrois bien sçavoir ce qu'on entend par l'anéantissement : ce qui est peut-il cesser d'exister ? Notre corps lui-même n'est pas anéanti, il ne fait que changer de modifications ; les êtres que nous voyons, prennent sans cesse de nouvelles formes ; tout est dans l'univers développement ou métamorphose, mais rien n'est annihilé ; & l'on voudroit que le principe qui pense en moi, se détruisît, tandis que la substance qui végete, se conserve ! Rien ne meurt dans la Nature, & l'ame veut mourir !

L'ame périt-elle à la façon du corps ? Mais la mort de tout être sensitif, n'est que la dissolution de ses parties : or la pensée est une ; l'unité intellectuelle ou le *moi* individuel ne peuvent se partager ; mon ame est toute entiere, ou nulle : elle ne peut donc se dissoudre, & par conséquent mourir.

Dieu, dit-on, ne nous doit rien... Sophistes cruels! Dieu ne nous doit-il pas le bonheur, puisqu'il nous le rend nécessaire? Puisque l'existence de mon ame sur la terre est pénible, elle cessera donc de l'être un jour, puisque le premier principe est intelligent, mon ame est donc immortelle.

L'ame est immortelle sans doute, & j'en suis convaincu, puisque je souffre; & le tyran qui m'opprime, en est convaincu aussi, puisqu'il a des remords.

Ce dogme est trop nécessaire à la paix du genre humain pour n'être qu'une erreur; si l'ame étoit mortelle, l'enfer pour nous seroit sur la terre & le néant au-delà.

Le partisan de l'anéantissement est l'ennemi né de la société, parce que sa doctrine n'est favorable qu'au despotisme

potisme des rois & à la perversité des scélérats : aussi quand César, plaidant pour Catilina, voulut établir le dogme de la mortalité de l'ame, Caton, le grand Caton ne s'amusa point à le refuter, il se contenta de dire qu'il étoit un mauvais citoyen ; & la postérité a confirmé le jugement de ce grand homme, malgré les talens du vainqueur de Pharsale, son génie & ses victoires.

Mylord Bolingbroke a dit que les anciens législateurs inventerent le dogme de l'immortalité de l'ame pour donner plus de poids à la sanction des loix naturelles ; ce politique célebre s'est trompé, parce que ce dogme étant lui-même une loi naturelle, est antérieur à toutes les législations (a) ; cependant son erreur dé-

―――――――――――――――
(a) De-là il s'ensuit que Cicéron

pose encore contre les destructeurs de notre immortalité ; & il n'insinue qu'Epicure & Pomponace sont des Philosophes, qu'en prouvant qu'ils sont des rebelles.

Le sceptique pour croire une vie à venir, demande des preuves métaphysiques : mais pourquoi recuse-t-il cette foule de preuves morales qui l'accablent ? Il est probable que s'il étoit accablé de preuves métaphysiques, il demanderoit encore pour croire des preuves morales ; il desire trop

---

s'est trompé aussi, quand il a dit, *Quæst. Tuscul. Lib.* 1, Que Pherecide fut le premier qui enseigna aux hommes que l'ame étoit immortelle.—Mais quand cette assertion seroit fondée, que s'ensuivroit-il ? — La gravitation n'existoit-elle pas dans la Nature avant que Newton en calculât les loix ?

d'être anéanti, pour deſirer d'être éclairé.

Ames ſenſibles, pour qui ce foible ouvrage eſt écrit, voulez-vous une démonſtration de votre immortalité; jettez un regard autour de vous; voyez ſeulement la diſcorde des élémens & les crimes des rois.

L'homme vertueux gémit ſur la terre, mais, en mourant, il devient libre; il n'y a que ſon perſécuteur qui mérite d'être anéanti.

Voyez l'hiſtoire de Clariſſe; c'eſt une des plus belles preuves de l'immortalité de l'ame qu'ait produit l'eſprit humain : les argumens de Clarcke, de Paſchal & de Deſcartes ſont bien foibles auprès d'une page de Richardſon.

Je vais tenter de donner une autre démonſtration dans le goût de celle de Clariffe; c'eſt l'hiſtoire pathétique de Jenny Lille; ſi la perſonne qui la lira eſt émue, je triomphe, & l'ame eſt immortelle.

ARTICLE II.

Démonstration de l'immortalité de l'Ame.

Jacques II régnoit en Angleterre, si c'est régner que de s'agiter péniblement pour faire trembler ses sujets, de lutter avec la verge flétrissante du despotisme, contre l'épée de la liberté, & de se mettre sans cesse à la tête de ses courtisans pour combattre des hommes.

Jacques n'étoit point méchant par système, mais il avoit l'esprit foible & le cœur pusillanime; & chez un peuple qui a un grand caractere, la stupidité de Claude fait autant de mal que les crimes de Néron.

Un bâtard de Charles II, persécuté avec furie par son successeur, & devenu l'idole de l'Angleterre, voyoit de loin se former l'orage qui menaçoit le trône; ce seigneur étoit le célebre duc de Monmouth, le plus bel homme de la Grande-Bretagne, & revêtu outre cela des grandes qualités que la beauté ne fait que supposer : s'il avoit eu la moitié de la politique du prince d'Orange, ce dernier n'eût jamais été que le Stathouder de Hollande; mais il ne laissa pas mûrir le projet de révolution qu'il méditoit, il crut que son nom & la haine qu'on portoit à son rival suffisoient pour lui créer une armée; & il périt, comme le Comte d'Essex, avec le titre de rebelle, qu'il méritoit peut-être moins que celui d'insensé.

Il étoit aisé au dernier des Stuards de ramener à lui les cœurs de ses sujets, en faisant parade d'une clémence qu'il pouvoit exercer sans péril; mais il semble que la grandeur d'ame soit toujours l'apanage des talens : le vainqueur de Monmouth fut petit & cruel; il fit couler à torrens le sang des partisans de son rival, & il se vengea comme un empereur de Maroc, lui qu'on ne regardoit que comme le premier citoyen de Londres.

Il est rare qu'un Tibere n'ait des Séjans pour ministres de ses fureurs. Jacques II ordonna à son chancelier Jeffreys, & au colonel Kirke, de faire périr sur l'échafaud tous les rebelles qui avoient échappé au combat de Sedgemor; ces satellites impitoyables exécuterent ces ordres en esclaves qui brûlent de devenir tyrans à leur tour; le militaire changea les villes en champs de batailles, &

l'homme de loi s'étudia à effacer le militaire (*a*).

(*a*) Outre les malheureux qu'il fit hacher en pieces par des exécutions militaires, il en fit périr deux cent cinquante-un par le glaive de la juftice : toute la province étoit parfemée de têtes & de cadavres; mais ce qui mit le comble à la haine publique pour le chancelier, fut le fupplice de madame Gaunt, rapporté par M. Hume, hift. de la maifon de Stuard, *tom. 6, pag. 202.* Cette femme étoit une Anabaptifte, dont la bienfaifance s'étendoit fur les Wighs, comme fur les Torys, & fur les Proteftans, comme fur les perfonnes de fa fecte. Un partifan de Monmouth obtint une afyle chez elle, & bientôt, ayant été inftruit de l'acte qui offroit l'impunité, & des récompenfes à ceux qui découvriroient les coupables, il ofa trahir fa bienfaictrice, & dépofa contre elle ; ce monftre obtint grace pour fa perfidie, & l'Anabaptifte fut brûlée vive pour fa charité.

Bridgewater devint le théâtre des affaffinats réfléchis du colonel; en entrant dans cette ville, il fit conduire au gibet, fans la moindre information, dix-neuf de fes principaux habitans; comme il fe faifoit un jeu de fa cruauté, il faifoit exécuter fes victimes, pendant qu'il buvoit la fanté du roi ou celle du chancelier. Il lui tomba un jour dans l'efprit de faire pendre le même homme, jufqu'à trois fois, pour prolonger les horreurs de fon fupplice. Les tigres qui fervoient de miniftres à fes fureurs, étoient fes foldats, & il les appelloit fes moutons.

Auprès de ces fcenes de barbarie, l'innocence & l'amour offroient dans Bridgewater un fpectacle charmant pour les ames honnêtes & fenfibles: c'étoient deux amans dignes de l'eftime de toute la terre, que le ciel étoit sur le point de récompenser de vingt ans de malheurs & de vertus.

Jenny Lille n'étoit plus dans cette aurore de la jeunesse, où l'ame étonnée d'elle-même, pressent le plaisir, plutôt qu'elle ne sçait le goûter ; elle avoit atteint cet âge plein de vigueur, que la Nature a fixé pour l'union des sexes, où les facultés se développent, où le caractere s'annonce, & où toutes les passions parlent avec énergie : âge heureux que ne connoîtront jamais ces automates énervés qu'on marie à quinze ans, & qu'on force à devenir hommes avant qu'ils cessent d'être enfans.

Elle n'avoit de son printems que les charmes de la beauté, & cette ingénuité qui les fait valoir. Ses vertus appartenoient toutes à l'été de l'âge, & il n'y avoit point d'homme qui ne tînt à honneur de les partager.

L'infortune avoit légérement imprimé son sceau sur les roses de son teint; elle n'en étoit pas moins belle, mais elle en étoit plus intéressante.

Sydnei, l'amant de Jenny, passoit pour un des plus beaux gentilshommes des trois royaumes; son regard avoit une éloquence persuasive; il étoit Philosophe, & il n'avoit que vingt-deux ans; en un mot, c'étoit Lovelace. — Mais il étoit honnête homme.

Sydnei & Jenny étoient tous les deux maîtres de leur destinée; du moins personne dans Bridgewater ne sçavoit qui les avoit fait naître; on les honoroit comme des intelligences descendues du ciel, & qui n'avoient pu être produites par les voies ordinaires de la Nature.

Sydnei, depuis trois ans, oublioit ses chagrins pour s'occuper de ceux de son amante. Il cherchoit à la pénétrer ; mais son ame inaccessible se fermoit à ces doux épanchemens que l'amour demande sous le voile de l'amitié ; sa persévérance fut enfin récompensée : Venez, lui dit Jenny, sous ce berceau de myrthe qui nous dérobe à tous les regards ; mon ame toute entiere s'ouvrira devant vous ; la nuit commence à couvrir ce jardin de son crêpe lugubre.— Puisse-t-elle ensevelir à jamais dans son sein la mémoire des malheurs, dont je vais vous faire le récit !

Sydnei trembloit que le secret de son amante ne fût fatal à son amour ; mais il brûloit de l'entendre : il se laissa conduire vers le berceau, son cœur palpitoit avec force, & Jenny en redoubla les battemens par ce prélude terrible :

Sydnei, j'ai vécu ; j'ai rempli, par mes malheurs, la carriere que la Nature m'a tracée ; j'adore les décrets de la providence ; mais l'opprobre ou l'effroi ont empoifonné tous les inftans de ma vie : fidele à mon Dieu & aux loix de mon pays, je vais à vingt-fix ans commander mon cercueil, & Cromwel eft mort dans fon lit.

Cromwel! l'affreux Cromwel...! mais laiffons en paix les fcélérats, quand ils repofent fous la tombe—.... Sydnei, écoutez-moi : J'avois un pere ; il devoit fon rang, fa fortune & fes titres à fon roi ; il étoit l'ami de Charles I; l'infortuné ! il ne put mourir de fon effroi, ce jour terrible où Londres vit la tête fanglante de ce monarque, rouler fur l'échafaud de Witheall, pour le punir d'avoir épargné les fanatiques qui lui ont furvécu.

Mon pere, qui n'avoit pu fauver un régicide à fa nation, ne fe confola de l'inutilité de fes efforts, qu'en dérobant l'héritier de la couronne aux pieges de fes perfécuteurs ; il contribua à l'évafion de ce prince, & quand il fut en sûreté, il attendit en paix que Cromwel le punît d'avoir diminué le nombre de fes remords.

Une fi belle action ne fe découvrit que la derniere année du regne de ce tyran ; mon pere fut aifément convaincu d'avoir procuré un afyle au fang des Stuards ; & il fut conduit au fupplice, comme coupable de haute trahifon, par les traîtres qui avoient affaffiné Charles I, avec le glaive des loix.

Je n'avois alors qu'un an; cet illuftre criminel me prit entre fes bras fur l'échafaud ; & me montrant au peuple : Anglois, s'écria-t-il, si mon sang ne suffit pas à l'hydre du fanatisme, voici l'unique rejetton de ma race : frappez, mêlez notre cendre à celle de vos rois ; ma famille va s'éteindre ; mais un jour la postérité n'en prononcera le nom qu'avec celui de la patrie, que vous n'avez sçu défendre. — Et toi, ma fille, si tu survis à ton pere, n'oublie jamais que tu es Angloise, & que l'opprobre de devoir la vie à un régicide, ne peut être effacé qu'en m'imitant.—

Sydnei, à la fin de ce récit, étoit tombé involontairement aux genoux de sa maîtresse ; il la regardoit avec cet enthousiasme religieux qu'on doit à une victime de la patrie ; mais son cœur gémissoit en secret, comme s'il ne pouvoit rencontrer une héroïne, sans s'exposer à perdre son amante.

Jenny aimoit trop Sydnei pour ne pas entendre son silence ; elle le releva avec émotion, laissa échapper une larme sur sa main, & de ce ton qui va jusqu'au cœur, elle continua ainsi :

Mon ami, le spectacle de votre sensibilité a été le premier plaisir que mon cœur ait goûté.—A peine étois-je en âge de réfléchir sur les malheurs de mon pere, que je fus obligée de pleurer sur les erreurs de ma mere. Cette femme, à qui on ne peut reprocher que de n'avoir pas été au-dessus de son sexe, qui fut plus malheureuse que coupable, qui parut, peut-être, vile à ses propres yeux, mais qui sera toujours respectable aux miens, acheva d'empoisonner en moi le sentiment de l'existence. La proscription lui avoit ravi son rang, ses titres & sa fortune; lasse de lutter contre l'adversité, elle changea de nom, & épousa en secret un de ces fougueux Parlementaires, qui établirent sur le meurtre de leur roi, leur phantôme de république. L'Anarchie Aristocratique périt bientôt avec Cromwel qui l'avoit fait naître; l'Angleterre ouvrit les yeux sur vingt ans de démence & de fanatisme, & la haine que le peuple avoit conçue pour les tyrans, se convertit en horreur contre les régicides.

Ma mere & son époux se retirerent en Hollande; ce pays renfermoit le peuple le plus libre de la terre; mais les assassins de Charles I ne pouvoient trouver d'asyle dans une contrée où il y avoit encore des hommes. Quatre Anglois se chargerent de venger la patrie & les rois: ils entrerent un soir dans la maison que nous occupions à la Haye, & fondirent, l'épée à la main, fur leur malheureux compatriote.

Quoique dix ans fe foient écoulés depuis ce défaftre, l'image en eft encore toute entiere dans mon ame.— Le coupable, à la vue du danger, faute fur fon épée; les affaffins l'environnent : ma mere, la chevelure éparfe, le fein à demi-nu, les yeux étincelans, s'élance au milieu des combattans. — Quel héroïfme de courage, Sydnei, s'il eût été employé pour défendre mon pere!.....Elle s'arrêta un inftant, comme pour donner à fa douleur le tems de s'exhaler; & reprenant fon récit : Ma mere, dit-elle, tenta en vain de dérober la victime au fer des affaffins ; fa beauté, l'intrépidité avec laquelle elle ofa défendre fon époux, avec les feules armes de la Nature, ne firent qu'irriter ces féroces royalistes; l'ami de Cromwel fut percé de onze coups d'épée, & sa femme, blessée en se débattant, au-dessous du sein, tomba évanouie sur son cadavre.

Pendant que cette scene horrible se passoit, je dormois dans un cabinet, séparé par un jardin de l'appartement de ma mere: tout-à-coup la porte s'ouvre; j'entends une personne gémissante se traîner péniblement vers mon lit; je me leve à demi avec les convulsions de la terreur, & je tends une main glacée à l'objet que mon imagination prend pour phantôme: je me sens alors saisie avec force par des bras ensanglantés; le silence de la nuit, les cris inarticulés d'une mourante, l'idée sinistre des spectres, dont mon esprit est occupé, tout redouble mon horreur; j'invoque le secours de ma mere; mais à peine ce mot fatal est-il prononcé, que la personne qui me tient embrassée, tombe avec grand bruit, & m'entraîne dans sa chûte : nous perdîmes toutes deux connoissance.

Je ne sçais pas combien de tems dura ce sommeil de mort ; mais à peine mes yeux commencerent-ils à s'ouvrir, que je me vis environnée de femmes étrangeres qui cherchoient à me rappeller à la vie ; j'ignorois encore l'horrible scene de la veille, & je ne regardois la foiblesse de mes sens, la sueur froide dont j'étois inondée, & ce spectre livide & sanglant qui m'avoit tenu embrassée, que comme l'effet d'un songe qui avoit altéré les organes de mon imagination. Mon illusion ne fut pas de longue durée ; dès que j'eus la force de me soutenir, je m'approche de mon lit, une lampe à la main,

j'entrouvre les rideaux & je vois....
à l'inftant je jette un cri terrible,
ma lampe tombe & s'éteint, & mes
genoux fe dérobent fous moi.....
Sydnei, c'étoit ma mere, c'étoit le
fpectre..... La tendreffe confervoit
l'ufage de mes fens, & je vivois pour
fouffrir ; je me précipite fur ce corps
prefque inanimé, & je le tiens étroi-
tement embraffé : peu-à-peu les
membres glacés de ma mere repren-
nent une partie de leur reffort : elle
entrouvre un œil mourant ; & dès
qu'elle me reconnoît, elle me fait le
récit de l'horrible tragédie qui l'a-
voit privée d'un époux, & qui alloit bientôt me priver moi-même
de l'unique bien qui me faifoit encore chérir l'exiftence. J'allois ranimer un peu fon efpérance , & lui
infpirer la férénité, qui me manquoit
à moi-même : Non, ma fille, me dit-

elle, contemple ma bleffure, vois le fang que j'ai répandu, je fens que je n'ai plus que quelques inftans à vivre;....je n'ai que trop vécu.... Ah! fi j'avois ton innocence!.... fi je n'avois pas époufé....Je vois que tu me pardonnes, & je meurs.....

Sydnei, pendant ce récit, avoit éprouvé toutes les fenfations de fon amante, fes yeux avoient les mêmes mouvemens, fon vifage prenoit les mêmes teintes, fa bouche fembloit partager fa refpiration. — O Jenny! s'écrie-t-il tout-à-coup en fe précipitant à fes pieds, tu as épuifé la coupe de l'adverfité, le ciel & la terre t'abandonnent..... eh bien! tu n'en es que plus digne de moi.

Sydnei, je t'ai affez eftimé pour te faire cette horrible confidence; j'ai pour pere, un homme mort fur l'échafaud, ma mere a époufé un régicide ; je fuis fans titres, fans reffource, & fans fortune ; je ne puis déguifer ma naiffance, fans paffer pour la plus vile des Angloifes ; je ne puis l'avouer, fans être plus vile encore ; je marche fans ceffe entre l'infortune & l'opprobre,.... plains la trifte Jenny, ne la méprife pas ; mais fuis-la pour jamais.

Moi, te fuir !.... Dieu & moi, voila les feuls êtres dans la Nature qui t'aiment encore,.... Non, je ne t'abandonnerai pas à ta deftinée ; les aveux que tu m'as faits augmentent, s'il eft poffible, ma vénération & ma flamme. Accorde-moi ta main ; c'eft à ton époux à te confoler de la perte d'un pere, de l'ingratitude de ta patrie, & du mépris de l'univers.

Refpectable Sydnei,..... mais, non, ta vertu te feroit funefte, tu partagerois l'infortune que je porte avec moi depuis ma naissance : je ne t'épouserois pas, je t'entraînerois dans ma tombe.

Eh bien! que je sois heureux un instant, & je consens de mourir..... Jenny,... vous vous troublez... ce regard.... Partagez-vous mon émotion?... Puis-je embrasser mon épouse?....

Oui, je le suis, Sydnei,... il ne faut pas que j'abandonne la vie sans avoir connu la félicité.... sans avoir justifié la providence.

Sydnei, ivre d'amour & de joie, embrassoit encore les genoux de Jenny, lorsqu'on entendit frapper avec force à la porte du jardin. Cet amant généreux essuie les larmes de joie qu'il venoit de répandre, se dégage des bras de son amante, & une lampe à la main, s'avance avec inquiétude vers la porte, & l'ouvre. — Un officier

officier se présente, escorté de plusieurs soldats : vous êtes, sans doute, M. Sydnei ? — Oui, Monsieur. — Il suffit, je vous arrête de la part du roi ; donnez-moi votre épée, & suivez-nous. Le prisonnier jetta un cri d'effroi : Jenny accourut, & aussi-tôt la porte fut refermée.

Jenny éperdue, attendit long-tems dans le jardin, l'issue de cette aventure ; elle monta ensuite en chancelant dans son appartement, se jetta sur un fauteuil, & s'abandonna à toute l'amertume de ses réflexions.

Sydnei, au point du jour, fut conduit chez le colonel Kirke ; le conseil de guerre étoit assemblé dans son cabinet ; on se hâta d'enchaîner l'accusé, & le colonel vint lui-même l'interroger.

Tome II. P

Le Colonel.

M. Sydnei, on vous accuse d'avoir trempé dans la rebellion du duc de Monmouth.

Sydnei.

Monsieur, je fus l'ami du frere de mon roi, mais je ne suis point un rebelle.

Le Colonel.

Monmouth fut un traître, & ses amis le sont aussi. — Comment osez-vous faire l'aveu d'une amitié si coupable ?

Sydnei.

Je ne suis point assez lâche pour flatter un juge ou pour trahir un ami. — Le duc de Monmouth m'a sauvé la vie, je l'ai honoré pendant sa prospérité, j'ai gémi sur ses erreurs, & je ne sçais point outrager sa mémoire.

Le Colonel.

Vous avez du moins été instruit de sa conspiration?

Sydnei.

Le duc de Monmouth m'estimoit trop pour penser à faire de moi un rebelle; c'est le combat de Sedgemor qui m'a appris ses projets, son crime, & sa défaite.

Le Colonel.

Mais après le combat de Sedgemor vous avez offert un asyle à ce traître?

Sydnei.

Je vois bien, M. le Colonel, que je n'ai plus que quelques inſtans à vivre; mais je ne les avilirai pas par le menſonge ou par la lâcheté. — Oui, j'ai tenté de dérober le duc de Monmouth au ſupplice : s'il avoit été vainqueur, je me ſerois à jamais banni de l'Angleterre; mais dès qu'il a été malheureux, je n'ai plus vu en lui qu'un ami.

Le Colonel.

M. Sydnei, j'admire votre franchiſe. — Que penſez-vous du roi Jacques, & de ſon miniſtre Jeffreys?

Sydnei.

Monſieur le Colonel, prononcez ma ſentence.

LE COLONEL.

Répondez, Monsieur, au nom du roi.

SYDNEI.

Vous le voulez.—Je respecte mon prince ; je voudrois mourir pour lui, plutôt que sur un échafaud. — Mais quand on choisit un fanatique pour son ministre, & un soldat pour juger des citoyens... on n'est pas digne de commander à des Anglois.

LE COLONEL.

Messieurs, allons-nous-en déjeûner.— Ce rebelle est gentilhomme, il faut le faire pendre.

On conduisit l'intrépide Sydnei dans un cachot pour y rester jusqu'à l'exécution de la sentence. A peine y fut-il entré, qu'il s'ouvrit la veine avec une aiguille, & écrivit avec son sang, ce terrible billet adressé à Jenny.

« Chere épouse, votre oracle est
» accompli ;... on m'a condamné
» comme rebelle, mais je meurs ver-
» tueux & digne de vous. — Fuyez
» cette terre cruelle qui dévore ses
» habitans. — Consolez-vous : votre
» époux ne meurt pas tout entier :
» son ame vous attend au-delà de la
» tombe ».

Le géolier, séduit par la vue d'un diamant, se laissa engager à prendre ce billet & le porta lui-même à son adresse.

Quand j'aurois le style de Rousseau, & le génie de Richardson, je peindrois foiblement les transports impétueux de Jenny à la lecture du billet fatal de son amant ; ces instans pathétiques qui déchirent l'ame se supposent & ne se définissent pas.

Jenny n'a point recours à la froide ressource des gémissemens; elle vole chez le colonel Kirke, & lui demande une audience secrete. Dès qu'elle l'apperçoit, elle tombe à ses genoux: Mylord, s'écrie-t-elle en reprenant haleine presque à chaque mot, vous avez condamné à la mort le chevalier Sydnei,... c'est le plus vertueux des hommes,.. c'est mon époux... Elle ne put en dire davantage, mais les larmes dont son visage étoit inondé, le mouvement de ses levres tremblantes, & les palpitations de son sein plaidoient éloquemment en sa faveur. Le féroce guerrier ne soutint pas long-tems le spectacle de tant de charmes, & de tant de douleurs : Madame, dit-il, je suis ici le seul arbitre de la destinée de votre époux ; mais si je le rends à vos larmes, par quel prix?... Si vous le rendez, grand Dieu ! vous ne ferez que jufte aux yeux du ciel, mais vous ferez aux miens le plus généreux des hommes.

Chaque mot de Jenny enflammoit encore davantage le tyran ; il la releve, la fait affeoir auprès de lui ; & lui faififfant la main : Madame, dit-il, que Sydnei eft coupable à mes yeux ! il eft votre époux ?....

Jenny rougit & recule fon fiege ; le colonel rapproche le fien ; & ferrant avec ardeur le bras de l'infortunée : quoi, dit-il, tant de charmes feroient au pouvoir d'un traître !

Sydnei un traître !.... Eh bien ! Mylord, s'il l'eft, c'eft fa grace que j'implore.

Belle étrangere, vous demandez fa grace. Que ces regards ardens font bien sûrs de l'obtenir, mais par quel prix ?....

Eh! que peut une malheureuse qui n'a hérité de ses peres que l'opprobre & le désespoir pour satisfaire le ministre des rois? Ah! si j'étois moi-même sur le trône, je croirois avilir la vertu, si j'osois la récompenser.

Femme adorable, vous possédez un trésor que j'estime plus que la faveur des rois; ce regard tendre.... ce teint qui a la fraîcheur de la rose.... Ah! si j'osois espérer....

Barbare, je t'entends; c'est de mon opprobre que tu attends le prix de ton odieuse clémence; tu seras adultere, afin d'être juste....

Idole de ma vie, croyez....

Va, laisse-moi..... je consens d'être malheureuse; mais je ne veux pas être vile......J'ai lu d'un seul regard dans les replis de ton ame criminelle; tant d'iniquité de ta part me démontre l'innocence de mon époux : qu'il meure.... Lui mourir!... Homme barbare, je retombe à vos genoux; au nom de tout ce qui vous est cher sur la terre, rendez à ma douleur votre victime; n'exigez pas d'une femme éplorée le plus affreux des sacrifices; permettez que je puisse encore lever vers le ciel des regards sereins; ne me forcez pas à un attentat, que les remords d'une vie entiere ne sçauroient effacer.

Un tigre auroit respecté tant de vertus, le tyran n'en devint que plus ivre d'amour & plus avide de crimes. Non, dit-il, je ne sçais point sacrifier ma félicité à de frivoles scrupules; ce soir je serai le plus fortuné des hommes, où vous n'aurez plus d'époux.... je consens cependant à ménager votre juste délicatesse ; ce palais est exposé aux regards du public. — C'est chez vous que je veux tomber à vos pieds, & vous entretenir de ma flamme; ce soir je m'y rendrai en silence, & sans suite : si votre porte est ouverte, votre époux a sa grace : sinon, tremblez.

Soldat féroce..... & tu crois que la voix d'un homme suffit pour me faire trembler ? va, j'ai l'ame plus haute que toi, puisque je n'ai point encore fait l'apprentissage du crime : essaye de sauver mon époux, & de me faire subir à sa place, le supplice des traîtres; tu verras si j'ai mon innocence, avec quelle fierté je monterai sur l'échafaud ; l'épouse de Sydnei craint Dieu & l'opprobre, mais elle se croit faite pour braver les tyrans.

Adorable furie, je me crois assez

grand pour vous pardonner ce soir tant d'outrages.... ce soir.....

Jenny sort, la rage dans les yeux, & la mort dans le sein ; elle entre d'abord dans le berceau qui a été témoin de ses derniers sermens, & se jettant à genoux : Arbitre suprême de mes jours, s'écrie-t-elle, je ne t'impute point mes malheurs.—Tu es, sans doute, le Dieu du bien, puisque c'est moi qui l'attaste.... mais si ma vie fut pure, si le cœur de Sydnei est digne de toi— Enleve-moi dans ton sein & sauve-moi d'affreux blasphêmes.

Cette priere terrible ne fait qu'aigrir le fiel qui la dévore; elle monte dans son appartement; & jettant un regard sur son lit: voilà, dit-elle, la place que Sydnei devoit occuper: sa place n'est plus que dans mon cœur... Sydnei....Ah! quand je ferois affez malheureufe pour vivre encore, qui pourroit jamais remplir cette place fatale? Je n'eus qu'un pere, je n'aurai jamais qu'un époux.

Mon époux!...il mourra, & j'ai pu le fauver! & j'ai pu!... quelle horrible alternative! de fubir la haine de la patrie ou de la mériter.

Mais fi ma vertu étoit moins cruelle! fi je ne livrois à mon tyran que ce corps que la mort va bientôt engloutir! fi tandis que des amantes vulgaires facrifient leur vie à un amant, je facrifiois mon honneur à un époux!... je n'y furvivrois pas..... n'importe, foyons viles & mourons.

Jenny ne laiffe point à fon délire le tems de fe calmer, elle fe précipite vers la porte de fa maifon, l'ouvre avec agitation, remonte, & tombe évanouie aux pieds du lit qu'elle alloit profaner.

Quand elle eut repris l'ufage de fes fens, elle appréhenda un fouvenir funefte; & prenant un vafe où étoit renfermée une liqueur affoupiffante, dont elle ufoit tous les foirs pour fe procurer quelques heures de fommeil, elle double la dofe, ne prononce que ces mots, Dieu! Dieu! avale le breuvage & s'endort fur un fauteuil.

Le Colonel vers le minuit fe rend chez Jenny, trouve fa porte entr'ouverte, jouit du fruit de fes crimes.... & le monftre fe croit heureux.

Vers le point du jour le fommeil léthargique de Jenny fe diffipe; elle voit à fes côtés le tyran, & ne doute plus de fon opprobre. — Barbare, s'écrie-t-elle, je n'accufe que moi de tant d'infâmie, je te pardonne, fuis, & rends-moi mon époux.

Votre époux, dit le Colonel; il

vous attend dans la place publique : venez, Jenny,.. & voyez. A ces mots, il l'entraîne vers la fenêtre du cabinet, l'entr'ouvre, & lui montre le cadavre de Sydnei, suspendu à un gibet de trente pieds..... Ah! monstre, s'écrie-t-elle,.... elle dit, & tombe morte à ses pieds (*a*).

(*a*) Le trait qui a donné naissance à ce récit n'est point imaginaire. Lisez l'hist. de la maison de Stuard, par David Hume, Tom. 6, pag. 199 & 200. — Croiroit-on que c'est en Angleterre qu'est né le système de l'Optimisme ?

ARTICLE III.

Réflexion sur l'histoire de Jenny.

JE ne connois point d'argument métaphysique plus fort, que la preuve morale que je viens d'expofer. Pour peu qu'on réfléchiffe fur ce mouvement d'ofcillation dans la fociété, qui tend à placer d'un côté les biens & le bonheur, & de l'autre, la mifere & l'opprobre, on verra qu'il y a des milliers d'hommes auffi malheureux que Jenny, & peut-être, moins coupables. Quand il n'y en auroit qu'un feul, l'induction contre la Divinité eft auffi terrible; fi ce malheureux eft anéanti, ce monde eft l'ouvrage du mauvais principe, la providence eſt une chimere, & Dieu eſt le plus affreux des tyrans.

Je nais avec le germe des maladies les plus cruelles; je m'en conſole par la tendreſſe d'un pere, & il me déshonore; je me jette dans les bras de ma patrie, & elle me perſécute; je prie l'Être ſuprême de m'enlever dans ſon ſein, & il m'anéantit.— Quelle eſt la religion où mon exiſtence ne ſoit pas alors le crime de la Divinité ? Quel eſt le légiſlateur qui ait droit de m'interdire le blaſphême de Brutus ?

Ce raiſonnement doit frapper le Théologien comme le Philoſophe, & l'artiſan comme le géometre, parce que tous ces êtres ſont ſenſibles.

Platon, Clarke & Deſcartes m'ont étonné, mais ne m'ont point convaincu: que m'importent les raiſonnemens ſublimes de ces Métaphyſiciens sur l'immortalité de l'ame ? Mon esprit n'accorde son assentiment qu'à l'évidence, & non à l'autorité; & l'unique fruit que je tire de la lecture de ces grands hommes, c'est de desirer que leur ame soit immortelle comme leur génie.

Il n'en est pas de même de la preuve que fournit l'horrible dissonnance que le mal physique & le mal moral introduisent au milieu de l'harmonie de l'univers. Le pâtre qui végete sent qu'il est malheureux, comme le sage qui raisonne; si l'ame est anéantie, tout le système des êtres leur paroît l'ouvrage de la plus aveugle des intelligences; si elle est immortelle, que leur importe la Nature & les hommes ? Dieu leur reste, & le problême est expliqué.

Trois classes de Philosophes peuvent attaquer le corollaire que je tire de l'hiſtoire de Jenny. Examinons dans le ſilence des préjugés, ſi le genre humain ſeroit aſſez malheureux pour que la cauſe que je défends ne fût pas celle de la vérité.

Du système que tout est mal.

On a vu dans tous les tems de pieux fanatiques, au teint blême & à l'esprit faux, qui ont avancé que tout étoit mal sur la terre; il n'y a point de paradoxe à dire que cette opinion conduit au dogme de l'anéantissement.

Si tout est mal, on doit en conclure que le premier moteur a manqué d'intelligence; or, comment une cause aveugle produiroit-elle un effet immortel?

Si tout est mal, comment l'homme a-t-il l'idée du bien? Comment peut-il mériter l'immortalité?

Si tout est mal, quelle confiance nous reste-t-il dans le premier principe? Desirer notre félicité; c'est desirer d'être anéanti.

Tout eſt mal, ſtupide miſantrope ! & le ſoleil t'éclaire ! & tu reſpires l'air ſerein de la liberté ! & tu as le pouvoir ſublime de faire des heureux !

Il y a du mal ſans doute ſur la terre, puiſque tes ſophiſmes y introduiſent la crainte & le déſeſpoir ; mais j'écouterai les Philoſophes, & je ſerai bien ; la mort me placera dans le ſein de la Divinité, & je ſerai encore mieux.

De l'opinion que la quantité du mal est nécessairement égale à celle du bien.

Un Philosophe moderne, accoutumé à ne penser que d'après lui-même, a dit que le bien & le mal étoient nécessairement dans une égale proportion (a); cet auteur respectable a sans doute été entraîné par l'esprit de système; il n'a pas vu que son hypothese n'étoit pas favorable au dogme de l'immortalité.

Si la somme des biens est égale pour tous les hommes à celle des maux, la providence s'est acquittée

___

(a) De la Nature, par J. B. Robinet, Tom. 1, ch. 23.

envers nous, & elle ne nous doit pas l'immortalité.

Mais ce fyftême d'équilibre n'eftil point fondé fur des fophifmes? Son inventeur s'appuie fur des principes de métaphyficien, & des calculs de géometre : il a eu tort de fe pénétrer des maximes de Viete & de Leibnitz, au lieu d'étudier la Nature.

Le bien phyfique n'eft nullement en proportion avec le mal phyfique; rien ne dédommage le Caffre & le Groënlandois de la rigueur de leurs climats. Quel eft le bien relatif qui peut compenfer les maux affreux qu'ont fait naître les tremblemens de terre, les peftes, & les maladies vénériennes (*a*)?

(*a*) L'auteur que je refute, dit au tom. 1 de fon livre, *ch.* 24, que la vertu

Ce rapport se trouve encore moins dans l'ordre moral ; aucun individu ne porte en soi un germe égal de

---

des spécifiques est proportionnée à la malignité des maladies. Que de réponses je ferois à ce paradoxe, si je voulois faire un livre aussi gros que le sien!

Quel est le spécifique de la goutte, & de l'humeur corrosive qui forme les cancers?

Vous dites qu'il est dans la Nature, & que la postérité sçaura le découvrir: que m'importe? je meurs dans les tourmens, & mon petit-fils sera guéri. Voilà une grande consolation pour la génération présente ; s'il n'y a point d'équilibre à présent, il n'y en aura jamais.

Quand même il y auroit des remedes infaillibles pour chaque maladie, l'équilibre philosophique n'en seroit pas mieux conservé. La gravelle est un mal, l'opération qui la guérit est-elle un bien? Un instant me donne une pleurésie, & il faut souvent trois mois pour me guérir.

vices

vices & de vertus. Il y a dans la société mille Anitus pour un Socrate ; le juste vit obscur, & les grands criminels gouvernent l'univers.

Il est important de refuter plus en détail le système de M. Robinet ; je m'apperçois qu'il a séduit jusqu'à des Philosophes ; soit parce que son auteur a un grand nom, soit parce qu'il a fallu un gros volume pour l'exposer, soit peut-être, parce que c'est un système.

Notre Philosophe appuie son opinion sur ce grand principe, que les créatures perdent à chaque moment, autant d'existence qu'elles en reçoivent (a). Je ne découvre point dans cette idée la précision géométrique dont son auteur fait gloire ; l'instant où l'homme acquiert, l'instant où il

---

(a) De la Nature, Tom. I, ch. 9, p. 53.

perd, & l'inftant où il jouit, ne font fûrement pas les mêmes; de plus, l'enfant & le vieillard ne perdent une exiftence pénible que pour acquérir une exiftence douloureufe. Il faudroit donc pour que l'équilibre fût confervé, que les jeunes-gens & les hommes faits fuffent toujours heureux; mais fi quelqu'un avançoit un tel paradoxe, feroit-il néceffaire de le refuter?

Un enfant & un vieillard font fûrement malheureux : quelle eft la compenfation pour un cinquieme des hommes qui meurt avant l'âge viril? Quelle eft-elle pour ces malheureux qui vivent & qui ne fortent jamais de l'enfance?

On m'oppoferoit en vain l'exemple des fauvages. Il n'eft pas décidé qu'un Miffouris foit plus heureux que nous, parce qu'il n'a pas tous nos befoins. De plus les Miffouris & leurs femblables occupent quelques déferts, & les deux Continens font peuplés de malheureux.

M. Robinet, toujours entraîné par l'efprit de fyftême, prétend que les êtres donnent toujours l'exiftence aux dépens de la leur (*a*); cela eft vrai pour le cerf qui s'épuife dans la faifon du rut, & pour l'homme blafé qui veut jouir fans avoir des fens; mais le fage affermit fon exiftence en produifant fon femblable : tel fut le pere de Montagne.

Faites difparoître un mal, dit notre Philofophe, & vous fupprimerez un bien. Que deviendroient les fources chaudes où les paralytiques recouvrent le fentiment, fans les feux fouterrains que produifent les éruptions du Vé-

―――――――――

(*a*) *Ibid. p.* 93.

suve & de l'Etna (*a*) ? — Je ne sçais, mais j'aimerois beaucoup mieux qu'il n'y eût ni volcan, ni paralytiques.

Les plaintes de l'homme sur la cruauté des animaux féroces, ne viennent que d'une ignorance profonde de leur organisation (*b*). — Et que m'importe que l'estomac du tigre ne puisse digérer que des chairs crues, qu'il ne soit porté à se défaltérer que dans le sang, & qu'il ne puisse se conserver qu'en dévorant les membres mutilés de ses victimes? Je demanderai toujours à la Nature pourquoi elle a organisé le tigre ?

Le chapitre le plus singulier du livre que j'examine, a pour titre: *Compensation des maux que la guerre produit.* L'auteur y dit en propres

---

(*a*) *Ibid.* ch. 8, p. 52.
(*b*) *Ibid.* p. 69.

termes : *La guerre purge nos villes d'une foule de mauvais sujets qui ne sont bons qu'à se faire tuer* (a). — Ceci ne peut être lu que par des hommes ; ainsi il est déja réfuté.

Si M. Robinet n'a voulu que plaisanter en justifiant le fléau de la guerre, je le compare à Erasme qui

---

(a) *Ibid.* ch. 17, p. 126. La suite de ce chapitre est très-conséquente : d'habiles calculateurs, dit M. Robinet, démontrent que le genre humain se doubleroit au moins dans l'intervalle de quatre siecles, s'il n'étoit livré qu'aux causes naturelles de la mort ; or la terre, dans cette supposition, se trouveroit bientôt hors d'état de nourrir ceux qui l'habitent ; donc, &c. *ibid.* p. 127. Ce calcul seroit admirable, si l'auteur avoit employé l'ironie de Socrate pour justifier les meurtres réfléchis, ordonnés par les rois.

a fait l'éloge de la folie ; si son but étoit d'instruire, je respecte trop son génie & ses lumieres pour le comparer à l'auteur de l'apologie de la saint Barthélemi.

Quand même il seroit nécessaire que la moitié du genre humain égorgeât l'autre pour se conserver, je croirois toujours qu'il y a sur la terre plus de mal que de bien. Les hommes assassinés sont malheureux, les assassins le sont encore davantage.

Il y a dans le livre *de la Nature* beaucoup d'autres propositions dont l'auteur fait des axiomes ; mais loin de servir à prouver d'autres assertions, ces axiomes auroient eux-mêmes besoin de preuves.

Est-il vrai que le principe de l'intérêt produise autant d'harmonie parmi les hommes que de défordres (*a*) ?

Eſt-il vrai que les biens & les maux s'accumulent enſemble ſur la tête du deſpote (*b*) ?

Eſt-il vrai que les ſiecles d'ignorance ont fait moins d'honneur à l'Humanité, & que les âges ſçavans lui ont fait plus de tort (*c*) ?

Eſt-il vrai que le mal ſoit auſſi naturel à l'homme que le bien (*d*) ?

Eſt-il vrai ſur-tout que dans le total, la ſcience des mœurs ſoit un ſyſtême de maximes injuſtes intercalées à des principes d'équité (*e*) ?

Toutes ces maximes ne ſont point

(*a*) *Ibid. p.* 111.
(*b*) *Ibid. p.* 119.
(*c*) *Ibid. p.* 122.
(*d*) *Ibid. p.* 143.
(*e*) *Ibid. p.* 166.

démontrées : si elles l'étoient, le système qu'elles appuient s'écrouleroit encore ; car il s'ensuivroit que nous sommes encore plus malheureux que nous ne croyons l'être.

Les fastes du genre humain attestent qu'il y eut un tems où l'angle d'inclinaison de l'équateur sur le plan de l'écliptique étoit effacé. Il y avoit sûrement alors beaucoup de bien physique & peu de mal; mais depuis la grande révolution que l'univers a subie, la Nature s'est dégradée, comme un cedre dont la foudre auroit brûlé les racines, & il y a aujourd'hui plus de mal physique que de bien.

Le système de l'équilibre n'est pas plus vrai pour les races que pour les individus. La race des Blancs est en général malheureuse par le mal qu'elle se fait, & par celui qu'elle cause ;

les Negres accufent la Nature & les Blancs de leurs malheurs; les Negres blancs s'en prennent également aux Blancs, aux Negres, & à la Nature.

L'arbre du bien & du mal n'a que deux branches; mais le poids énorme de la derniere écrafe l'univers.

De l'Optimifme.

Si jamais il y eut une entreprife qui caractérifât l'audace de l'efprit humain, ce fut lorfque des hommes de génie entreprirent d'anéantir le mal de deffus la terre, firent réfulter du défordre des parties, l'harmonie de l'enfemble, & voulurent forcer le genre humain à s'applaudir de fes défaftres, comme un guerrier généreux expirant fur le champ de bataille s'applaudiroit des bleffures qui l'ont fait triompher.

Shaftesburi, Pope & Leibnitz ont créé un monde comme Defcartes : pendant qu'on admiroit les connoiffances profondes des architectes, l'édifice a difparu.

L'Optimifme doit effrayer l'éleve

de la Nature qui ne veut point être anéanti ; en effet, si ce monde est le meilleur des mondes possibles, pourquoi desirerions-nous un avenir plus heureux ? s'il est conforme à l'ordre général, que les roues qui font jouer la grande machine se détruisent par les frottemens, devons-nous desirer de survivre à nos malheurs ?

Heureusement l'Optimisme n'est qu'un beau songe ; il y a assez de bien dans la Nature pour nous faire chérir notre existence ; & il s'y trouve trop de mal pour ne pas nous en faire desirer une plus fortunée.

Des Philosophes ont calculé que dans la vie ordinaire, la somme des maux surpasse celle des biens (a). Il

---

(a) *Voy.* Œuvres de Maupertuis, Tom. 1, Essai de Philosophie morale; & Fontenelle, Tom. 3, de ses Œuvres, p. 244.

suffit de replier un inftant fon ame fur elle-même pour en fçavoir fur ce fujet autant que Fontenelle & Maupertuis.

Le bonheur & le malheur circulent enfemble dans le monde; mais la matiere du dernier eft plus homogene avec les parties conftitutives de notre être.

On cherche dans prefque tous les climats des remedes au malheur d'exifter; c'eft pour cela que le François crée de nouveaux plaifirs, que le fauvage s'enivre, & que l'Anglois fe tue.

Quel eft l'homme fatisfait de fon état, & qui voudroit à jamais en prolonger la durée? Si Dieu accompliffoit les defirs de la plupart de fes adorateurs, & fupprimoit de leur exiftence tous les momens qui les importunent, le vieil Neftor ne vivroit peut-être que quelques heures.

Le bonheur eſt ſi peu fait pour nous, que le plaiſir qui le compoſe, s'affoiblit par la jouiſſance : il n'en eſt pas de même de la douleur ; ſa durée ne fait qu'en augmenter l'activité ; ce qu'on a ſouffert ne fait qu'ajouter au moment où l'on va ſouffrir.

Que doit-on conclure de cet expoſé ? que l'homme de bien ne doit pas ſe plaindre de la vie, ni appréhender la mort ; que les inventeurs de l'Optimiſme ſont des hommes de génie, mais que notre ame eſt immortelle.

CHAPITRE IV.
DE L'AME
EN QUALITÉ D'ÊTRE QUI SENT.

On raisonne depuis plus de cinquante siecles sur l'esprit & sur la matiere; cependant on ne connoît encore exactement aucune de ces substances. Les objets ne frappent point immédiatement sur l'ame; les sens sont le milieu interposé entre eux & nous, & nous mourrions aveugle si nous ne tenions par cinq points à la Nature.

La plus saine partie de l'antiquité a cru que les idées de l'homme venoient toutes de ses sens, & le peuple sur ce sujet, n'avoit pas d'autre croyance que les Philosophes; il étoit égal alors pour admettre ce principe de ne pas raisonner, ou de faire l'analyse de l'ame ; & l'ignorance sembloit conduire à la vérité, aussi sûrement que les lumieres de Pythagore & le génie d'Aristote.

Il y eut cependant quelques métaphysiciens qui firent le procès aux sens, non par amour pour la vérité, mais afin de devenir chefs de sectes. Pyrhon qui pensoit que nos organes n'étoient destinés qu'à nous tromper, agissoit en conséquence de cette théorie, & lorsqu'il rencontroit un précipice en son chemin il ne se détournoit jamais ; heureusement pour ce Philosophe, que ses disciples l'accompagnoient dans toutes ses courses, & il vécut quatre vingt-dix ans, toujours faisant usage de ses sens, & toujours déclamant contre eux.

Ce fou systématique eut peu de

partifans, il étonna fon fiecle, mais avant fa mort fon paradoxe étoit déja oublié.

Les Romains qui ne créerent rien en Philofophie, adopterent l'idée grecque fur l'origine de nos connoiffances; & heureufement pour eux, cette idée fe trouva une vérité.

Nos aïeux qui étoient des barbares ne rompirent point la chaîne; ils firent retentir leurs univerfités de ce grand principe de l'école Péripatéticienne, qu'ils étoient incapables de prouver; ils déifierent Ariftote, & n'eurent pas l'honneur d'être comptés au nombre de fes difciples.

Defcartes, qui dans fa retraite de Déventer, s'amufoit à détruire les Mondes & à en créer d'autres, afpira à la gloire d'avoir raifon contre le peuple & les Philofophes de tous les fiecles; il renverfa l'empire des fens, bâtit un fyftême intellectuel dont il fe réferva la clef; & infenfiblement les métaphyficiens adoptèrent fes idées, afin du moins de paroître les entendre.

Malebranche, né avec autant d'imagination que Defcartes, mais qui fe borna à la gloire d'être fon premier difciple; Malebranche, dis-je, étoit affez Philofophe pour obferver la chaîne qui lie nos fens avec nos idées; mais il fe contenta de prouver que nos organes étoient un principe de nos erreurs, fans avouer qu'ils étoient auffi celui de nos lumieres : il éclaira le peuple, & ne fit rien pour l'homme qui penfe.

On verra dans l'article *des Statues* par quel artifice ingénieux quelques Philofophes font venus à bout d'éclairer Ariftote, de rectifier Defcartes, & de jetter quelque clarté dans l'abyme de l'entendement humain.

Je me contenterai de donner ici une idée de l'ordre que j'ai cru devoir suivre dans ce chapitre; car tout Philosophe doit au public la chaîne historique de ses pensées.

Pour connoître ce que l'ame doit aux sens, il faut décomposer l'homme & suivre son intelligence, depuis son germe jusqu'à son entier développement.

Après avoir étudié la Nature du principe sensible, il faut examiner si l'homme est le seul être qui l'ait en partage.

Ces questions éclaircies conduisent à observer la nature de nos organes, à distinguer les sens internes des sens externes, à voir comment l'imagination, la mémoire, les habitudes, les paffions influent fur l'ame, en un mot, à établir ce principe : je fens, donc je fuis.

Si ce chapitre eft bien entendu, on s'appercevra que la fenfation femble envelopper toutes les facultés de l'ame; car comparer, juger, imaginer, fe reffouvenir, &c. c'eft être attentif; & être attentif, c'eft fentir; avoir des paffions, c'eft defirer ; & defirer, c'eft encore fentir. On ne peut faire un pas dans la métaphyfique de l'ame, fans rencontrer le fentiment

Plus les fenfations fe multiplient, & plus l'ame fent qu'elle exifte : s'il étoit poffible qu'il y eût un être à figure humaine fans organe du fentiment, on pourroit auffi prononcer qu'il eft fans intelligence.

Cependant l'action propre de fentir ne réfide pas dans l'organe du sentiment. Un homme qui dort les yeux ouverts, ne voit pas ; Paschal qui résout le problème de la cycloïde n'entend rien ; l'homme n'est sensible que par son ame, & non par ses sens.

ARTICLE PREMIER,

De trois Statues.

Nous ne pouvons nous conduire dans le labyrinthe de la Nature, si nous ne tenons le fil analytique entre nos mains ; le Philosophe est comme le chymiste ; pour connoître, il doit décomposer.

Ce principe est vrai, sur-tout en métaphysique ; l'homme jouissant de ces cinq sens est une machine trop compliquée, pour que nous puissions juger du principe de ses opérations ; l'historien de l'ame doit être alors aussi embarrassé que l'historiographe qui traiteroit de l'enfance de notre monarchie, lorsque l'état reconnoissant presqu'autant de souverains que de provinces, le mouvement politique eſt embarraſſé par la multitude des rouages, le reſſort principal n'influe que foiblement ſur le jeu de chaque piece, & le concours de tant de parties intégrantes, nuit à l'enſemble de la machine.

C'eſt donc une idée très-ſage de décompoſer un homme pour étudier ſon méchaniſme, de ne laiſſer développer ſes ſens que par une juſte gradation, & de faire de cette anatomie métaphyſique la baſe de la Pſychologie.

L'homme ainſi ſimplifié n'eſt qu'une ſtatue ; c'eſt Pandore qui doit la conſtruction de ſes organes au ciſeau de Prométhée ; la Philoſophie eſt ce feu céleſte qui l'anime ; les deux machines s'ouvrent par degrés aux plaiſirs de l'exiſtence, & la ſtatue du Philoſophe reſpire pour

DE LA NATURE. 383

connoître, comme celle du poëte pour aimer.

M. Diderot, un des Philosophes dont la postérité connoîtra le mieux le mérite, paroît le premier qui ait projetté de devenir le Prométhée de la métaphysique (a). Il est triste qu'il

---

(a) Ce Philosophe avoit trouvé que de tous les sens, l'œil étoit le plus superficiel, l'oreille la plus orgueilleuse, l'odorat le plus voluptueux, le goût le plus superstitieux, & le plus inconstant, le toucher le plus profond & le plus Philosophe. *Voyez* Lettres sur les sourds & muets. — Mais écoutons-le parler lui-même ; il est si agréable de s'instruire & même de s'égarer avec lui.

« Ce seroit à mon avis une société
» plaisante que celle de cinq personnes
» dont chacune n'auroit qu'un sens ; il n'y
» a pas de doute que ces gens-là ne se
» traitassent tous d'insensés, & je vous
» laisse à penser avec quel fondement.

n'en ait eu que le projet : n'étoit-il pas peintre, comme le Correge & Montesquieu ?

» C'eſt-la pourtant une image de ce qui
» arrive à tout moment dans le monde ;
» on n'a qu'un ſens, l'on juge de tout. Au
» reſte, il y a une obſervation ſinguliere à
» faire ſur cette ſociété de cinq perſon-
» nes, dont chacune ne jouiroit que d'un
» ſens ; c'eſt que par la facilité qu'ils
» auroient d'abſtraire, elles pourroient
» toutes êtres géometres, s'entendre à
» merveilles, & ne s'entendre qu'en géo-
» métrie, *pag.* 22—25.

» Nos ſens partagés en autant d'êtres
» penſans pourroient donc s'élever tous
» aux ſpéculations les plus ſublimes de
» l'arithmétique & de l'algebre, fon-
» der les profondeurs de l'analyſe, ſe
» propoſer entr'eux les problêmes les
» plus compliqués ſur la nature des équa-
» tions, & les réſoudre, comme s'ils
» étoient des Diophantes ; c'eſt peut-être

DE LA NATURE. 385

Messieurs de Buffon, Condillac & Bonnet ont tous les trois fait une statue; ce sont trois morceaux de

» ce que fait l'huître dans sa coquille...
» Cependant, ramenés sans cesse par
» le plaisir & le besoin de la sphere des
» abstractions vers les êtres réels, il est
» à présumer que nos sens personnifiés ne
» feroient pas une longue conversation,
» sans rejoindre les qualités des êtres à
» la notion abstraite des nombres : bien-
» tôt l'œil bigarrera son discours & ses
» calculs de couleurs, & l'oreille dira
» de lui : *Voila sa folie qui le tient*; le goût :
» *C'est grand dommage*; l'odorat : *Il en-*
» *tend l'analyse à merveilles*; & le tou-
» cher : *Mais il est fou à lier, quand il en*
» *est sur ses couleurs*. Ce que j'imagine de
» l'œil convient également aux quatre
» autres sens; ils se trouveront tous un
» ridicule; & pourquoi nos sens ne fe-
» roient-ils pas séparés, ce qu'ils font bien
» quelquefois réunis....
» Il faut remarquer que plus un sens

Tome II. R

main de maître qu'il eſt bon de con‑
noître pour ne pas voyager ſans gui‑

―――――――――――――――

» feroit riche, plus il auroit de notions
» particulieres, & plus il paroîtroit ex‑
» travagant aux autres. Il traiteroit ceux‑
» ci d'être bornés ; mais en revanche ces
» êtres bornés le prendroient férieuſe‑
» ment pour un fou. Il ſe trouveroit que
» le plus ſot d'entr'eux ſe croiroit in‑
» failliblement le plus ſage ; qu'un ſens
» ne ſeroit gueres contredit que ſur ce
» qu'il ſçauroit le mieux, qu'ils ſeroient
» preſque toujours quatre contre un ; ce
» qui doit donner bonne opinion des
» jugemens de la multitude ; qu'au lieu de
» faire de nos ſens perſonnifiés une ſo‑
» ciété de cinq perſonnes, ſi on en com‑
» poſe un peuple, ce peuple ſe diviſera
» néceſſairement en cinq ſectes, la ſecte
» des yeux, celle des nez, la ſecte des
» palais, celle des oreilles, & la ſecte
» des mains ; que ces ſectes auront tou‑
» tes la même origine, l'ignorance &
» l'intérêt ; que l'eſprit d'intolérance &

de dans les landes de la Psychologie.

« de persécution se glissera bientôt en-
» tr'elles; que les yeux seront condam-
» nés aux petites maisons comme des vi-
» sionnaires ; les nez regardés comme
» des imbécilles; les palais évités com-
» me des gens insupportables par leurs
» caprices & leur fausse délicatesse; les
» oreilles détestées pour leur curiosité
» & leur orgueil, & les mains mépri-
» sées pour leur matérialisme ; & que
» si quelque puissance supérieure secondoit
» les intentions droites & charitables de
» chaque parti, en un instant la nation
» entiere seroit exterminée, *pag.* 250, &c.

Il ne faut point juger rigoureusement ce badinage digne de Fontenelle & de Lucien; l'auteur n'avoit peut-être pour but, que de faire une satyre ingénieuse de nos mœurs. S'il avoit voulu faire l'histoire de l'ame, la statue auroit été moins sçavante, & le sculpteur l'auroit paru davantage.

Aucune de ces statues ne se ressemble; parce que chaque artiste a sa maniere. Pigal peut faire un buste d'Alexandre; mais Pigal ne sera point Phidias; la Phedre de Racine, & celle d'Euripide doivent être regardées comme deux originaux.

Nos trois Philosophes sont cependant partis de la même idée; c'est que nos connoissances tirent leur origine des sens. Cette importante vérité fut découverte par Aristote; mais ce grand homme se contenta d'annoncer le résultat de son problême, sans faire part de la méthode dont il s'étoit servi pour le résoudre. Locke, qui a écrit avec tant de sagesse sur l'ame, a saisi un bout de la chaîne, il a prouvé que les sens sont les seuls passages par lesquels la lumiere peut entrer dans la chambre obscure de l'entendement; mais il a affirmé que les facultés de l'ame étoient des qualités innées, & ce Philosophe, à qui on a tant reproché son scepticisme, s'est trompé, parce qu'il n'a pas assez douté. Enfin, l'abbé de Condillac est venu prouver que nos facultés intellectuelles tiroient leur origine des sensations, & avec une idée aussi simple, il a organisé sa statue, & analysé notre intelligence.

Quoique M. Bonnet ait travaillé après l'abbé de Condillac, & peut-être d'après lui, cependant comme sa statue n'a pas la perfection de celle de son modele, nous la ferons connoître après celle de M. de Buffon. Dans un ouvrage tel que celui-ci, ce n'est point l'ordre chronologique des idées qui intéresse, mais l'ordre Philosophique.

DE LA STATUE
DE M. DE BUFFON.

M. DE BUFFON suppose un homme dont le corps & les organes sont parfaitement formés, & qui s'éveille tout neuf pour lui-même & pour tout ce qui l'environne. Voici l'histoire abrégée de ses premieres pensées.

« Je me souviens de cet instant,
» plein de joie & de trouble, où
» je sentis pour la premiere fois ma
» singuliere existence ; je ne sçavois
» ce que j'étois, où j'étois, d'où je
» venois ; j'ouvris les yeux : quel surcroît de sensation ! la lumiere,
» la voûte céleste, la verdure de la
» terre, le crystal des eaux, tout m'occupoit.... je crus d'abord que

» tous ces objets étoient en moi, &
» faisoient partie de moi-même.

» Je m'affermissois dans cette pen-
» sée naissante; lorsque je tournai les
» yeux vers l'astre de la lumiere, son
» éclat me blessa : je fermai involon-
» tairement la paupiere, & je sen-
» tis une légere douleur; dans ce mo-
» ment d'obscurité, je crus avoir
» perdu presque tout mon être.

» Affligé, saisi d'étonnement, je
» pensois à ce grand changement,
» quand tout-à-coup j'entends des
» sons ; le chant des oiseaux, le
» murmure des airs formoient un
» concert dont la douce impression
» me remuoit jusqu'au fond de l'ame;
» j'écoutai long-tems, & je me per-
» suadai bientôt que cette harmo-
» nie étoit moi.

» Occupé tout entier de ce nou-
» veau genre d'existence, j'oubliois

R iv

» déja la lumiere, lorsque je rou-
» vris les yeux..... je commençois
» à voir sans émotion, & à enten-
» dre sans trouble, lorsqu'un air lé-
» ger dont je sentis la fraîcheur,
» m'apporta des parfums qui me
» donnerent un sentiment d'amour
» pour moi-même.

» Agité par toutes ces sensations,
» pressé par les plaisirs d'une si belle
» & si grande existence, je me levai
» tout d'un coup, & je me sentis
» transporté par une force incon-
» nue.......

» Je portai la main sur ma tête, je
» touchai mon front & mes yeux, je
» parcourus mon corps; ma main me
» parut être le principal organe de
» mon existence..... & je sentis que
» mes idées prenoient de la profon-
» deur & de la réalité.

» Tout ce que je touchois sur moi

» sembloit rendre à ma main senti-
» ment pour sentiment. ... Je crus
» quelque tems que son mouvement
» n'étoit qu'une espece d'existence
» fugitive, une succession de choses
» semblables; je l'approchai de mes
» yeux, elle me parut alors plus
» grande que tout mon corps, & elle
» fit disparoître à ma vue, un nom-
» bre infini d'objets.

» Je commençai à soupçonner qu'il
» y avoit de l'illusion dans la sensa-
» tion qui me venoit par les yeux....
» & je résolus de ne me fier dans la
» suite qu'au toucher qui ne m'avoit
» pas encore trompé.... Cette pré-
» caution me fut utile; je m'étois
» remis en mouvement, & je mar-
» chois la tête haute & levée vers
» le ciel, je me heurtai légérement
» contre un palmier : saisi d'effroi je
» portai ma main sur ce corps étran-

R v

» ger ; je le jugeai tel , parce qu'il
» ne me rendit pas fentiment pour
» fentiment; je me détournai avec
» une efpece d'horreur, & je connus
» pour la premiere fois qu'il y avoit
» quelque chofe hors de moi....

» Perfuadé que le toucher pouvoit
» feul m'affurer de l'exiftence des ob-
» jets extérieurs , je cherchai à tou-
» cher tout ce que je voyois ; je vou-
» lois toucher le foleil , j'étendois
» les bras pour embraffer l'horifon,
» & je ne trouvois que le vuide des
» airs.....

» Ce ne fut qu'après une infinité
» d'épreuves, que j'appris à me fervir
» de mes yeux pour guider ma main...
» mais comme ces deux fenfations
» n'étoient pas d'accord entr'elles ,
» mes jugemens n'en étoient que plus
» imparfaits... Laffé de tant d'incer-
» titude, fatigué des mouvemens de

» mon ame, mes genoux fléchirent,
» & je me trouvai dans une situation
» de repos.... J'étois assis à l'ombre
» d'un bel arbre.... je saisis un de
» ses fruits... & je me glorifiois de
» la faculté que je sentois de pouvoir
» contenir dans ma main un autre
» être tout entier; sa pesanteur, quoi-
» que peu sensible, me parut une
» résistance animée que je me faisois
» un plaisir de vaincre....

» L'odeur délicieuse de ce fruit
» me le fit approcher de mes yeux:
» il se trouva près de mes levres; je
» tirois à longues inspirations le par-
» fum..... ma bouche s'ouvrit pour
» exhaler cet air embaumé ; elle se
» rouvrit pour en reprendre, je sen-
» tis que je possédois un odorat in-
» térieur plus fin, plus délicat enco-
» re que le premier, enfin je goûtai.
» Qelle saveur! jusques-là je n'a-

» vois eu que des plaisirs, le goût
» me donna le sentiment de la vo-
» lupté.... Je cueillis un second &
» un troisieme fruit, & je ne me
» lassois pas d'exercer ma main pour
» satisfaire mon goût; mais une lan-
» gueur agréable s'emparant peu-à-
» peu de tous mes sens, appesantit
» mes membres, & suspendit l'acti-
» vité de mon ame... mes yeux deve-
» nus inutiles se fermerent.... tout
» disparut; la trace de ma pensée fut
» interrompue ; je perdis le senti-
» ment de mon existence : ce som-
» meil fut profond, mais je ne sçais
» s'il fut de longue durée, n'ayant
» point encore l'idée du tems, & ne
» pouvant le mesurer. Mon réveil ne
» fut qu'une seconde naissance, &
» je sentis seulement que j'avois ces-
» sé d'être....

» Quelle fut ma surprise, quand

DE LA NATURE. 397

» je fus réveillé, de voir à mes cô-
» tés une forme semblable à la mien-
» ne ! je la pris pour un autre moi-
» même; loin d'avoir rien perdu pen-
» dant que j'avois cessé d'être, je
» crus m'être doublé.

» Je portai ma main sur ce nouvel
» être : quel saisissement ! ce n'étoit
» pas moi, mais c'étoit plus que
» moi, mieux que moi, je crus
» que mon existence alloit passer tou-
» te entiere à cette seconde moitié
» de moi-même.

» Je la sentis s'animer sous ma
» main, je la vis prendre de la pen-
» sée dans mes yeux; les siens firent
» couler dans mes veines, une nou-
» velle source de vie, j'aurois vou-
» lu lui donner tout mon être ;
» cette volonté vive acheva mon exis-
» tence, je sentis naître un sixieme
» sens.

» Dans cet inftant, l'aftre du jour » fur la fin de fa courfe éteignit fon » flambeau ; je m'apperçus à peine » que je perdois le fens de la vue, » j'exiftois trop pour craindre de cef- » fer d'être, & ce fut vainement » que l'obfcurité où je me trouvois » me rappella l'idée de mon pre- » mier fommeil (*a*) ».

Il y a deux parties à diftinguer dans ce morceau, la partie du ftyle, & la partie philofophique ; la pre- miere eft un chef-d'œuvre; l'ame eft délicieufement occupée de cette gra- dation de furprifes, de vues, de jouiffances & d'extafes. On ne fçau- roit rien ajoûter au coloris de ce fpectacle intellectuel; c'eft l'ouvrage de Milton naturalifte, c'eft un ta-

___

(*a*) Hift. Natur. *Tom.* 6 *de l'édit. in-*12, *pag.* 88, *&c.*

bleau de métaphyfique, exécuté par Raphaël.

La partie philofophique ne mérite pas le même enthoufiafme; il eft fâcheux que cet appareil brillant d'architecture, ce périftile, ces colonnes d'ordre corinthien ne fervent qu'à cacher un édifice qui s'écroule.

Obfervons la marche de cette ftatue; voyons fi ce n'eft pas M. de Buffon qui parle ordinairement au lieu de fon perfonnage.

L'automate entre dans la vie par la fenfation de la lumiere; mais puifque la vue eft de tous les fens celui qui contribue le plus aux connoiffances de l'efprit humain, pourquoi choifir un organe auffi compliqué pour faire l'analyfe de l'ame? dans un tel ouvrage, moins on eft fimple & moins on eft Philofophe.

Les métaphyficiens qui ont fait

des statues après M. de Buffon, ne sont point tombés dans le défaut de leur modele; ils l'ont créée aveugle, & ont borné à l'odeur d'une rose toute son existence.

J'oserai même hasarder une conjecture sur le projet hardi d'animer des statues; il me semble que l'homme n'est pas un être assez simple pour le soumettre au scalpel de l'anatomie; il faudroit peut-être choisir pour son sujet un animal que la Nature eût borné à deux ou trois sensations; une huître automate m'éclaireroit davantage sur le principe sensitif que la Pandore de nos Philosophes.

La statue est *pleine de joie*, & elle n'a pas encore joui; elle est *pleine de trouble*, & elle n'a pas encore souffert.

Elle ne sçait *qui elle est, où elle est, & d'où elle vient.* — Voilà l'épigraphe de l'essai sur l'homme de Pope.

Il est singulier que le poëte & le Philosophe se soient rencontrés, l'un en partant des connoissances les plus sublimes, l'autre de la plus profonde ignorance.

La statue ouvre les yeux : aussi-tôt *la voûte célesle, la verdure de la terre, & le cryslal des eaux la tiennent occupée.* — Il s'en faut bien que le célebre aveugle-né de Cheselden eût les mêmes sensations, quand il vit la lumiere pour la premiere fois ; il lui fallut deux mois d'expérience pour discerner la situation des objets, leur grandeur & leur figure. Locke avoit soupçonné cette singularité de la Nature ; le docteur Barclai avoit eu la gloire de l'annoncer ; il ne restoit à M. de Buffon que celle de la contredire.

L'automate animé *tourne ses yeux vers l'astre de la lumiere* ; quoi ! il a déja épuisé la jouissance de la voûte céleste, de la verdure de la terre & du crystal des eaux ? Ses yeux ne viennent que de s'ouvrir, & il ressemble déja à ces hommes blasés, qui répetent sur tous les grands tableaux de la Nature, ce mot de l'oracle : *Ma bonne, j'ai tant vu le soleil !*

J'écoutai long-tems le chant des oiseaux, & le murmure des airs. — Eve dit la même chose dans le *Paradis perdu*, lorsqu'elle rend compte à Adam de ses premieres pensées (a), Mais l'objet de Milton étoit de peindre, & non d'analyser. Pour notre statue, il n'y a encore ni oiseaux, ni atmosphere ; elle est seule dans la Nature.

(a) Vers le milieu du quatrieme chant de ce poëme épique.

Je rouvris les yeux ; Pourquoi resterent-ils si long-tems fermés ? Les oiseaux ont chanté, & la statue n'a pas eu la curiosité de voir ces oiseaux !

L'air m'apporte des parfums qui me donnent un sentiment d'amour pour moi-même. — La statue en ouvrant les yeux devoit déja s'aimer ; car elle se croyoit *la voûte céleste, la verdure de la terre, & le cryftal des eaux :* elle devoit s'aimer aussi en entendant le *concert des oiseaux ;* car elle se croyoit toute harmonie.

Pressé par les plaisirs d'une si belle & si grande existence, je me leve tout d'un coup. — Un spectacle ou un concert n'obligent point à se lever ; on peut jouir de tous ces plaisirs, sans se mouvoir ; si la statue étoit couchée, il ne falloit pas moins qu'un coup de tonnerre pour la faire dresser sur ses pieds ; si elle étoit debout, la fatigue devoit la faire tomber, plutôt que la faire marcher.

Je me sentis transporté par une force inconnue.—En quel lieu! Y a-t-il un lieu pour la statue? Ce n'est pas-là la marche de l'homme de la Nature.

Je portai la main sur ma tête. — Sçait-elle qu'elle à une main? Distingue-t-elle sa tête dans *sa belle & grande existence*? Pourquoi le premier mouvement de sa main est-il le plus grand qu'elle puisse faire? Cette statue se hâte bien d'être sçavante.

Mes idées prenoient de la profondeur & de la réalité. Cette métaphore hardie est digne du plus sublime métaphysicien ; mais l'automate ne doit être ni métaphysicien, ni sublime.

La statue touche ensuite son corps; rapproche sa main de ses yeux, se met à marcher, &c.— Ce ne sont point les événemens qui lui donnent de l'expérience ; mais il semble qu'elle fasse des expériences pour s'inftruire des événemens.

Je marchai la tête haute & levée vers le ciel. — Cette affurance n'eft gueres dans la Nature, quand on vient d'être bleffé par l'éclat du foleil, & qu'on a perdu par cette bleffure la moitié de fon exiftence. Après cette réflexion que penfer de la ftatue, lorfque quelques momens après elle veut toucher le foleil ? A-t-elle trouvé le fecret de fixer cet aftre ? Pandore eft-elle une aigle, ou Prométhée eft-il devenu aveugle ?

Laffé de tant d'incertitude..... mes genoux fléchirent, & je me trouvai dans une fituation de repos... alors je faifis un fruit, &c. Si le peu de mouvement que la ftatue a fait, n'a pu la fatiguer, elle ne doit pas goûter le repos; fi le repos lui plaît, elle ne doit pas porter la main à l'arbre fruitier : j'entends toujours parler un homme d'esprit, mais je ne vois jamais la statue.

Ma bouche s'ouvrit pour exhaler le parfum de ce fruit, elle se rouvrit pour en reprendre... enfin je goûtai.—L'embarras de M. de Buffon paroît toujours, quand il s'agit de lier ensemble deux sensations de différente espece; ce n'est pas le parfum d'un fruit qui doit engager l'homme de la Nature à manger, c'est le besoin. Une tubéreuse flatte bien plus l'odorat qu'une pomme ; la statue vivra-t-elle de tubéreuses ?

Mes yeux devenus inutiles se fermerent.... tout disparut : la trace de mes pensées fut interrompue, & je perdis le sentiment de mon existence. Je m'attendois ici à une théorie des songes ; il étoit en effet fort simple, qu'après tant de surprises, de jouissances & d'extases, les traces du cerveau de la statue ne fussent pas totalement effacées. Cette situation étoit piquante pour le Philosophe, parce qu'elle donnoit occasion de distinguer les actes spontanés de l'ame, des mouvemens de la machine. C'est ici que M. de Buffon devoit rompre le silence; mais il se tait, quand la statue dort, & il ne parle que quand elle veille.

Tout ce que M. de Buffon ajoute sur la naissance d'un sixieme sens est très-vrai, très-bien exprimé, & très-philosophique; il se trouvoit alors également porté par son sujet & par son génie.—Observons qu'il est bien plus aisé de faire aimer Pandore que de la créer.

Il entroit dans mon plan de faire connoître la vérité, mais non de mortifier un des écrivains qui fait le plus d'honneur à son siecle ; on peut critiquer M. de Buffon, mais il faut toujours finir par l'admirer.

DE LA STATUE
DE M. BONNET.

L'ouvrage où l'on fait parler cette statue est un volume *in-*4°. (*a*) hérissé de théoremes & de corollaires, dont chaque proposition tient à une chaîne, qui se brise, s'il s'en échappe un anneau ; ce livre est aussi difficile à lire que les élémens d'Euclide, ou un traité sur le calcul différentiel.

Il n'est pas aisé de suivre la marche de cette statue dans les abymes métaphysiques qu'elle ose franchir ; cependant comme l'auteur qui l'a

___

(*a*) Il a pour titre : *Essai analytique sur les facultés de l'ame.* On l'a imprimé en 1760 à Coppenhague.

animée eſt, après Locke, un des hommes qui a réfléchi le plus profondément ſur la nature de l'ame, il eſt néceſſaire de donner une eſquiſſe de ſes idées : abréger ce Philoſophe, c'eſt engager à le lire, & non le faire oublier.

La ſtatue reçoit l'exiſtence par l'organe de l'odorat ; des corpuſcules émanés d'une roſe, forment une atmoſphere odoriférante qui agit ſur ſon nerf olfactif, & cet ébranlement ſe communique à l'ame : cette ſenſation ſuffit pour vivifier notre machine. Combien y a-t-il d'animaux que la Nature a bornés à un ſeul ſens, & qu'on peut regarder par-là, comme placés au dernier degré de l'échelle de l'animalité ?

Cet ébranlement des fibres de l'odorat ne peut ceſſer que par degrés, comme le ſon que rendroit un timbre d'argent sous le marteau ; ainsi la sensation subsiste encore, quand l'odeur n'est plus; l'ame peut donc comparer le premier instant de sa volupté avec le dernier moment de sa dégradation : cette comparaison suppose le desir de la jouissance, & l'effet de ce desir est l'attention. — Tout cela est finement gradué ; ce n'est point ici le lieu de laisser aux lecteurs intelligens des idées intermédiaires à suppléer; le sublime, pour le Philosophe qui crée, consiste à franchir de grands intervalles ; mais pour le Philosophe qui analyse, il consiste à se traîner lentement de vérités en vérités.

M. Bonnet rappelle sa statue à l'existence, en lui présentant une tige d'œillet; ce parfum, différent de celui de la rose, ébranle dans l'odorat de nouvelles fibres, destinées à faire naître de nouvelles senfations ; car il en est du genre nerveux, comme de l'instrument connu sous le nom de *par-dessus de viole*; on peut se représenter chacune des cordes comme un de nos sens ; la corde de la vue ne frémit pas comme celle du tact, ni celle du tact comme celle de l'odorat; de plus, dans la même corde sensitive le sentiment se modifie, comme les tons varient suivant les proportions de la corde instrumentale: cette comparaison est plus lumineuse que vingt syllogismes.

Si chaque espece de sensation a ses fibres particulieres, il semble d'abord que l'odeur de l'œillet ne doit pas rappeller à la statue celle de la rose ; le contraire arrive cependant, & ce phénomene s'explique par une autre comparaison. L'ensemble des fibres est une espece d'hor-

DE LA NATURE. 413

loge qui joue à la premiere impulsion; des corps de nature opposée peuvent la mettre en jeu, & l'indication de l'heure est la sensation qui résulte de ces divers mouvemens.— La comparaison de l'horloge est familiere aux grands métaphysiciens : Leibnitz, avant M. Bonnet, faisoit de l'ame une horloge, & Zénon, avant Leibnitz, se représentoit aussi le monde sous la forme d'une horloge ; toutes ces horloges n'ont pas encore indiqué la vérité.

Si la statue n'avoit qu'une sensation, & qu'elle fût toujours au même degré, elle n'auroit point de réminiscence ; pour qu'elle acquiere cette faculté, il faut que les objets ébranlent plusieurs fibres sensitives, ou une seule en divers points. Cette liaison de plusieurs sensations consti-
S iij

tue une espece de personnalité (*a*).

Notre machine organifée n'a befoin que de deux fenfations pour connoître le plaifir & la douleur ; car ces modifications de l'ame ne viennent que de la diverfité du mouvement des fibres ; fi les vibrations font foibles, elles indiquent la naiffance du plaifir ; fi elles font rapides, elles annoncent fa vivacité ; portez l'ébranlement à fon dernier

―――――

(1) M. Bonnet diftingue ce *moi*, d'un autre plus réfléchi, qui confifte dans l'action de replier fon ame fur elle-même ; le premier convient à la ftatue & aux brutes ; le fecond à l'homme jouiffant de toute fon intelligence. — Il ne faut point chicaner un grand obfervateur fur fes définitions ; il a droit de caractérifer à fa façon des idées nouvelles, comme un aftronome de donner des noms à de nouvelles planetes.

période, vous produirez la douleur; & cette douleur sera à son comble, si la violence de l'agitation cause dans les molécules des fibres une solution de continuité (*a*).

La statue qui jouit du parfum de l'œillet doit naturellement le préférer à celui de la rose; car la premiere odeur agit sur elle, & la réaction de

---

(*a*) M. Bonnet qui aime beaucoup les digressions, propose sur ce sujet un problême singulier ; il s'agit de sçavoir si Dieu ne pouvoit pas attacher à cette solution de continuité le plus grand degré de plaisir, comme il y a attaché la plus grande intensité de douleur.——J'aimerois sans doute à mourir dans le sein du plaisir ; mais si telle étoit la loi de la Nature, quel moyen me resteroit-il pour me conserver ? La douleur est un Argus qui veille sans cesse aux portes de mon ame pour assurer mon existence.

son ame augmente la vivacité de sa sensation, tandis que le sentiment de l'autre fleur va toujours en s'affoiblissant. De cette idée, qu'elle préfére, il s'ensuit qu'elle agit, qu'elle veut, & qu'elle est libre. — On ne sçauroit être plus simple & plus fécond ; voila la marche de la Nature.

L'œillet & la rose ont disparu, & la statue sent encore, car elle desire les plaisirs qu'elle a perdus, & par-là elle excite en soi des mouvemens analogues à ceux qu'y faisoient naître les deux fleurs ; elle se procure alors une jouissance imaginaire, qu'elle voudroit élever au degré de vivacité de la jouissance réelle; ses efforts sont sans succès ; épuisée par cet état de tension, le mouvement cesse dans les fibres, & l'ame tombe enfin en léthargie.

Si l'on répete plusieurs fois la sensation des deux fleurs, la statue acquiert des idées de succession; car le même plaisir prolongé lui devient désagréable, son organe s'use pour ce sentiment, & elle sent naître l'ennui. Dans cet instant où son ame est excédée du parfum de la rose, on ne peut lui présenter l'œillet sans doubler le plaisir qui résulte de cette seconde sensation; elle compare l'odeur passée à l'odeur présente, & cette comparaison multiplie les charmes de la nouvelle jouissance.

Elle a aussi des idées de durée: car si le plaisir est gradué, il lui est aisé de saisir deux instans dans la sensation, & de les calculer à sa maniere.

Elle acquiert encore des idées de nombre, puisqu'elle a la conscience des deux modifications qu'elle a éprouvées : il est vrai que n'ayant pas l'usage des signes, elle ne peut dire *un* & *deux* ; mais si cette idée ne donne pas la notion du nombre, elle en est du moins le fondement.

Enfin elle se fait une idée de l'existence, puisqu'elle a des sensations de différente nature & à différens degrés ; la rose n'est pas un être pour elle ; elle est encore plus éloignée de pouvoir s'élever à la notion métaphysique de l'être en général ; mais les corpuscules odoriférans qui s'exhalent des fleurs lui donnent une idée de sa propre existence : cette idée n'est pas réfléchie comme la nôtre, elle n'est qu'un simple sentiment.

Toutes ces idées, ces perceptions & ces sentimens sont appuyés sur l'amour-propre, qui sert de mobile aux statues des Philosophes, comme elle en fert à toutes les productions de la Nature.

Notre ſtatue eſt déja prodigieuſement avancée dans la carriere de l'intelligence; cependant elle n'a encore qu'un organe & deux ſenſations (*a*). — Cette Théorie conduit le lecteur qui penſe à une idée lumineuſe. Le polype paroît n'avoir qu'un ſens; l'animalité des foſſiles ſe réduit peut-être à la faculté de ſe reproduire ; les ſenſations de l'huître ſemblent ſe borner à ouvrir & à fermer ſa coquille ; mais cette ſimplicité dans les êtres n'eſt pas une

───────────────

(*a*) L'analyſe de ces deux ſeules ſenſations remplit 354 pages dans le volume *in*-4°. de M. Bonnet — Il eſt ſi aiſé à la Nature de produire, & ſi difficile aux Philoſophes de rendre compte de ſes productions!

S vj

preuve de stupidité : un sens peut suppléer à d'autres ; une coquille ouverte & fermée, peut renfermer mille combinaisons que soupçonne aisément un Philosophe qui n'est pas une huître.

La statue n'existe toujours que par l'organe de l'odorat. M. Bonnet lui présente successivement une giroflée, un jasmin, un lys & une tubéreuse ; ces diverses sensations mettent en jeu toutes les fibres olfactives, fortifient la mémoire, & font naître l'habitude (*a*); si elles se succe-

---

(*a*) Ainsi l'ame dorénavant aura presque toujours quelque sensation présente, car l'impulsion réciproque des faisceaux les uns sur les autres, l'action de l'ame, l'impulsion des mouvemens intérieurs donneront fréquemment lieu au rappel de différentes sensations qui en réveilleront

dent agréablement, l'ame doit goûter les plaisirs de l'harmonie, & l'odorat perfectionné usurpe alors les plaisirs de l'oreille.

Le Métaphysicien qui a animé cette statue, observe ses mouvemens lorsqu'elle dort comme quand elle veille. Si quelque impression intérieure ébranle les fibres de la rose, cette sensation est reproduite, & l'ame jouit; si l'ébranlement est fort, toutes les sensations concomitantes renaissent, & l'ame varie ses plaisirs; si les faisceaux nerveux sont ébranlés

---

d'autres; celles-ci d'autres, à leur tour; & comme la chaîne est déja fort étendue il arrivera rarement qu'il n'y ait pas quelque chaînon qui soit ébranlé.—*Essai analyt. ch.* 23.—Toute cette théorie suppose dans le méthaphysicien une étude profonde de l'esprit humain.

sans ordre, la statue n'a que des songes bizarres : mais quelle que soit la nature de ses idées, elle ne peut encore distinguer le sommeil de la veille. Elle est plus occupée à sentir qu'à réfléchir ; & voila sur-tout en quoi elle differe de la statue de M. de Buffon, qui paroît bien plus Philosophe que sensible.

L'ame de la statue se borne pendant qu'elle dort, à suivre l'enchainement des idées qui se présentent ; c'est un tableau mouvant qu'elle contemple sans fatigue, & dont les teintes douces sont presque toutes à l'unisson ; elle est simple spectatrice pendant le songe, & elle ne devient libre qu'à son réveil.

La statue réduite au sens de l'odorat, passe sa vie à sentir des parfums ; elle habite un monde idéal où elle est heureuse ou malheureuse à sa maniere ; l'existence est un bien pour elle, quand elle le compare au néant, c'est-à-dire à la privation du sentiment. Si elle a éprouvé long-tems des odeurs désagréables, l'approche d'une fleur lui fait goûter avec plus de vivacité toutes les douces palpitations du plaisir ; si toutes ses sensations sont douloureuses, elle préfere encore le passage d'une douleur à une autre, à la permanence du même tourment, car cette variété soulage les fibres ; elle rend le bien plus vif & le mal moins sensible.

On ne doit point s'étonner que la statue qui n'existe que par le sentiment des odeurs, acquiere par degrés tant de connoissances ; moins on a de sens, plus la Nature les perfectionne ; l'odorat séparé de la vue, du goût, de l'ouïe & du tact, contracte la plus grande finesse; il sépare la douceur de divers parfums que nous nous accoutumons à confondre; il rend faillantes les plus petites impressions des corpuscules odoriférans; il fait trouver les plaisirs de la variété, où l'homme perfectionné ne trouveroit que l'ennui de l'uniformité.

L'expérience confirme tous les jours cette remarque de notre Philosophe; nous avons des Quinze-vingts qui jouent aux cartes, & le célebre aveugle Saunderson devint éperduement amoureux d'une femme qu'il ne connoissoit que par sa beauté.

Qu'arriveroit-il à une ame humaine qui transmigreroit dans le cerveau de notre statue ? Elle y éprouveroit exactement les mêmes sensations que l'automate, & n'en éprouveroit pas d'autres; il n'y auroit alors aucune différence sensible entre l'intelligence d'un Calmouque & celle de Platon (a).

Il paroissoit difficile que la statue bornée à l'organe de l'odorat, parût un être pensant. M. Bonnet, pour prévenir l'objection, s'avise sur la fin de son ouvrage de joindre en elle l'usage de l'ouïe à celui de l'odorat ; il prononce devant elle le nom de rose en lui présentant cette

───────────────

(a) M. Bonnet tire de ce principe un singulier corollaire : c'est que quand toutes les ames seroient exactement identiques, il suffiroit que Dieu eût varié les cerveaux pour varier toutes les ames.—Ainsi si l'ame d'un Huron eût pu hériter du cerveau de Montesquieu, Montesquieu créeroit encore. Voila un nouvel argument en faveur du grand système de l'ame universelle.

fleur ; alors les fibres auditives font ébranlées en même tems que les fibres olfactives ; l'odeur de la rose réveille dans la suite l'idée du mot, & le son du mot réveille l'idée de la rose.

La statue à force d'entendre répéter les mêmes mots, & d'y attacher des idées, parvient à exprimer par des sons articulés tout ce qu'elle connoît par le moyen de l'organe de l'odorat ; elle parle, & voila un être pensant : son dictionnaire sans doute est fort stérile ; mais s'il étoit plus étendu, elle-même ne l'entendroit pas.

M. Bonnet se tait dès que la statue parle : ainsi il termine son ouvrage, où la plupart des Métaphysiciens commencent leur Psychologie.

Je ne veux point renverser cette statue : mais j'oserai dire avec toute la vénération que je dois avoir pour le Philosophe qui l'a animée, qu'elle ne marche pas assez. Ne pouvoit-on pas, en la rendant plus naïve que celle de M. Buffon, la rendre aussi intéressante?

J'aurois desiré que tous les sens de cette statue se fussent tour-à-tour développés; si, à la fin de sa carriere, elle ne parloit pas, j'aurois autant de raison pour en faire une huître qu'un homme.

Il y a dans cet ouvrage trop de digressions sur la théorie des idées, sur l'ame des bêtes, sur la question obscure de la liberté, sur l'esprit des loix, &c. M. Bonnet ne se proposoit d'abord que d'analyser sa statue, & dans son livre, on voit deux traités complets, dont le moins étendu est cette analyse.

Au travers des idées philosophiques qui font le mérite de cet ouvrage, on en découvre quelques-unes qui ne font que fingulieres : telle eft fa conjecture fur la matiere primitive des efprits des fibres, dont il fait une efpece de feu élémentaire ; telle eft fur-tout fon explication phyfique des vifions des prophetes (a).

Ce qui fait le plus de tort à l'Effai analytique, eft l'ordre trop géométrique dans lequel il eft écrit :

―――――――――――――――――

(a) L'on conçoit aifément, dit M. Bonnet, que Dieu a pu préparer de loin dans le cerveau des prophetes des caufes phyfiques, propres à en ébranler, dans un tems déterminé, les fibres fenfibles, fuivant un ordre relatif aux événemens futurs qu'il s'agiffoit de repréfenter à leur efprit. *Effai analyt.* ch. 23, à la fin du *parag.* 676. Voila donc des prophetes fans miracle.

c'eſt le défaut le plus ſenſible de ce livre, & celui dans lequel il étoit le plus difficile de tomber; peu de perſonnes peuvent le lire, comme il n'y a que peu de Philoſophes qui puſſent le compoſer.

Ne nous preſſons point de critiquer ce chef-d'œuvre de Métaphyſique; ſi l'on craint de s'arrêter ſur ſes idées profondes, comme de fixer un abyme, il faut s'en prendre à la foibleſſe de ſa vue, & non à la hardieſſe du Philoſophe.

La ſtatue que M. Bonnet a vivifiée, n'eſt point une ſtatue humaine; mais qui oſeroit en completter l'analyſe? Si un artiſte trouve un buſte de Phidias, tentera-t-il de rétablir le héros qu'il repréſente dans ſa grandeur naturelle?

DE LA STATUE
DE M. DE CONDILLAC.

L'ABBÉ de Condillac s'est proposé de développer la génération de nos idées, & de prouver que toutes nos connoissances & nos facultés viennent des sens (*a*); si tous les pas de sa statue sont dirigés par le génie, il a eu la gloire de renouveller tout l'entendement humain.

Ce Philosophe borne à quatre

(*a*) C'est son traité des sensations en 2 *vol. in-*12, qu'on se propose ici d'analyser. Suivant son auteur, c'est mademoiselle Ferrand qui donna le plan de cet ouvrage; ce qui n'est pas moins étonnant, que l'entreprise de madame du Châtelet de commenter Newton.

grandes scenes le drame hardi dont il a conçu l'idée ; dans la premiere se développent par une gradation heureusement ménagée, les sens qui, d'eux-mêmes, ne peuvent juger des objets extérieurs ; on voit dans la seconde l'ame communiquer par l'organe du tact avec les objets qui l'environnent ; la troisieme renferme les leçons que le tact donne aux autres sens pour leur faire part de ses connoissances ; enfin dans la derniere, paroît un homme isolé qui jouit de tous ses sens, acquiert des idées, des besoins & de l'industrie, & d'un animal qui sent, devient un être qui réfléchit.

Il est tems d'observer la marche de cette statue. Je vois Pandore dans l'attelier de Prométhée. L'artiste a placé auprès d'elle une branche de jasmin, & le parfum qu'elle exhale a suffi pour lui donner l'existence; son ame, qui est toute neuve, doit se livrer avec force à l'impression qui se fait sur son organe: elle doit savourer avec transport les premieres minutes de la vie, & voila la naissance de l'attention.

Dès ce premier instant elle jouit; & si on substituoit au jasmin une odeur désagréable, elle souffriroit; car tout être sensible ne respire que pour le plaisir ou pour la douleur; il n'y a que la matiere brute sur qui ces deux grands mobiles de la vie n'aient aucun pouvoir; & qui me prouvera que la matiere brute ait jamais existé?

Pandore ne desire encore rien; elle est bien sans souhaiter d'être mieux, ou mal sans souhaiter d'être bien;

bien ; ſes deſirs naîtront avec ſes connoiſſances, & deviendront brûlans avec l'amour.

Le jaſmin s'en va, mais l'impreſſion reſte, & voila la mémoire (*a*).

On préſente à Pandore une roſe : alors une nouvelle faculté de ſon ame ſe développe ; elle compare cette ſenſation nouvelle avec celle qui l'a précédée, & elle juge de leurs rapports ; ſes deſirs naiſſent avec ſes beſoins, ſon imagination s'aggrandit & augmente ſa ſphere d'activité ; & ſi ſon ame quelquefois devient paſſive, c'eſt lorſqu'une ſenſation eſt

---

(*a*) Puiſque le ſouvenir d'une ſenſation n'eſt diſtingué d'une ſenſation actuelle, que parce que dans le premier cas on ſent foiblement ce qu'on a été, & dans le ſecond on ſent vivement ce qu'on eſt ; s'enſuivroit-il que la mémoire n'eſt qu'une ſenſation déguiſée ?

Tome II. T

assez vive pour abforber entiérement toute fa fenfibilité : le plaifir eft alors une efpece d'ivreffe, où elle jouit à peine; & la douleur un accablement, où elle ne fouffre prefque pas.

Pandore ennuyée de fa rofe defire le jafmin qu'elle n'a pas; plus elle defire, plus elle s'accoutume à defirer; enfin ce fentiment s'éleve au degré de la paffion, & fon ame ignorante brûle... pour une fleur.

Aimer le jafmin, c'eft haïr la rofe; je me trompe, elle ne fe paffionne pour des parfums, ou contre eux, que parce qu'elle n'aime qu'ellemême.

Il y a long-tems que Pandore efpere le retour de fa premiere odeur, & qu'elle craint la durée de celle dont elle jouit; fi alors Prométhée fe rend à fes vœux, elle fe souviendra dans la fuite que fon defir a été satisfait, elle exigera alors de nouvelles jouissances, & ainsi elle aura une volonté.

L'artiste après avoir observé les sensations de sa statue, s'applique à étudier la génération de ses idées. Pandore qui a vu que la rose lui a plu, & deplu tour-à-tour, s'exerce à séparer de la même sensation l'idée de plaisir & l'idée de douleur, & la voilà dans la région des abstractions; dans la suite elle apperçoit que ces notions sont communes à plusieurs de ses manieres d'être, & elle apprend à généraliser ses idées.

La marche de Pandore est hardie, mais elle est sûre, parce que la Philosophie la dirige; dès qu'elle peut distinguer les états par où elle passe, elle a quelqu'idée de nombre. Au reste, il n'y a rien de plus borné que son arithmétique; sa mémoire ne sçauroit saisir distinctement quatre unités, & au-delà de trois elle voit l'infini.

L'habitude où elle est de voir les fleurs se succéder sur son sein, lui rendra cette variété vraisemblable, & lui donnera l'idée du possible; peut-être même que la certitude où elle est que les parfums divers qu'elles exhalent ne peuvent se confondre, lui donnera quelque notion de l'impossible; elle se souvient, elle jouit, elle espere, elle a donc une connoissance limitée du passé, du présent & de l'avenir (a); ses son-

―――――――――――――――

(a) L'abbé de Condillac fait sur ce sujet une digression infiniment curieuse. Il s'agit de prouver que l'idée de durée n'est pas absolue, & que lorsque nous disons : Le tems coule rapidement ou avec lenteur; ces mots ne signifient autre chose, sinon que les révolutions qui

ges lui retracent ses plaisirs ou ses peines, & elle n'apperçoit aucune différence entre dormir & veiller; elle a la conscience de ce qu'elle est, aussi-bien que le souvenir de ce qu'elle

---

servent à mesurer le tems, ne suivent pas la même succession que nos idées.

Imaginons, suivant ce Philosophe, un monde aussi compliqué que le nôtre, mais qui ne soit pas plus gros qu'une noisette ; il est hors de doute que les astres s'y leveront & s'y coucheront plus de mille fois dans une de nos heures ; ainsi pendant que la terre de ce petit monde tournera autour de son soleil, ses habitans recevront autant d'idées que nous en avons pendant que notre terre fait de semblables révolutions ; dès-lors leurs années leur paroîtront aussi longues que les nôtres.

Suppofons ensuite un autre monde, auquel le nôtre feroit aussi inférieur qu'il est supérieur à celui qu'on vient d'imagi-

a été, & ces deux sentimens constituent la personnalité.

Il suit de cette analyse que la statue avec un seul sens a le germe de toutes nos facultés ; son entendement fait avec un seul organe ce

———————

ner : ses habitans seroient par rapport à nous, comme nous par rapport aux habitans du monde noisette ; & si nous interrogeons sur la durée les animalcules & les géans ; les premiers compteront des millions de siecles, lorsque les seconds, ouvrant à peine les yeux, répondront qu'ils ne font que de naître.

Cette hypothese fait connoître que la notion de la durée est relative, puisqu'elle dépend de la succession de nos idées.

Elle prouve aussi qu'un instant de la durée d'un être peut coexister à plusieurs instans de la durée d'un autre ; car nous pouvons imaginer des intelligences qui apperçoivent tout à la fois des idées que

qu'il pouvoit faire avec les cinq réunis : la vue, le goût, l'ouïe, & surtout le tact, développeront l'intelligence de Pandore, mais l'odorat a déja tout créé.

———

nous n'avons que successivement, & ce principe nous conduit jusqu'à la notion d'un esprit qui embrasseroit dans un instant toutes les connoissances que les créatures n'ont que dans une suite de siecles; cet être supérieur sera comme au centre de ces mondes où l'on juge si diversement de la durée, & saisissant d'un coup d'œil tout ce qui leur arrive, il verra le passé, le présent & l'avenir dans le même tableau. — Le fond de ce système est dans le premier tome du *Traité des sensations*, depuis la page 110, jusqu'à la page 119.

Il y a beaucoup d'imagination dans cette idée, mais cette imagination s'accorde avec le sang-froid de la Philosophie.

Si Prométhée avoit choisi d'autres sens pour donner à sa statue le premier sentiment de l'existence, la marche de Pandore eût été la même, & on auroit observé la même gradation de phénomenes dans le développement de sa sensibilité comme dans celui de son intelligence.

Cependant le Philosophe découvre dans ces nouvelles modifications de l'ame des nuances différentes sur lesquelles il est utile de s'arrêter. Si Pandore est appellée à la vie par la résonnance d'un corps sonore, elle a une existence plus complette que par l'organe de l'odorat ; car en lui supposant une oreille très-fine, elle distinguera avec le son principal, l'octave de la quinte & la double octave de la tierce, & le plaisir qui résulte de l'harmonie de plusieurs sons, est plus grand que celui que fait naître le fentiment d'un feul parfum.

L'oreille heureufement organifée de Pandore diftinguera aifément le bruit du fon, parce que la premiere réfonnance n'a jamais d'harmoniques; & bientôt elle fçaura préférer le concert de quelques oifeaux au fracas inapprétiable d'un rocher qui s'écroule.

Si elle réunit l'organe de l'ouïe à celui de l'odorat, elle s'accoutumera par degrés à diftinguer deux ordres de fenfations, & fon ame croira avoir acquis une double exiftence.

Le goût contribueroit plus que l'ouïe ou l'odorat au bonheur de Pandore & à fon malheur; car la faim eft un befoin, & la néceffité de la fatisfaire rend plus piquante la faveur d'un fruit, que l'odorat d'une julienne ou le concert de quelques roffignols.

Si la statue peut également sentir, entendre & manger, le goût peut nuire aux deux autres sens; l'existence de Pandore affamée sera toute entiere dans son palais, & elle sera insensible aux parfums & à l'harmonie.

Faisons rentrer la statue dans le néant, & que le marbre ne s'anime que pour ouvrir ses yeux à la lumiere; Pandore alors verra des couleurs, mais elle ne distinguera pas un globe d'un cube; elle n'embrassera même que confusément le tableau lumineux que lui présente la Nature; comme en entrant pour la premiere fois dans un édifice gothique, la multiplicité des ornemens nous empêche de juger de l'architecture.

L'œil de Pandore s'accoutume ensuite à fixer la couleur la plus éclatante; si le faisceau des sept couleurs primitives vient se décomposer devant elle par le moyen du prisme de Newton, elle doit s'arrêter d'abord sur le rouge; son œil fatigué cherche bientôt à se reposer sur une couleur moins vive, & elle rencontre l'orangé: il parcourt ensuite dans le même ordre le jaune, le verd, le bleu, le pourpre & le violet, jusqu'à ce qu'il ne trouve plus que le noir, & alors il est probable qu'il se fermera à la lumiere.

La statue dans la suite apprend à fixer plusieurs couleurs à la fois; alors elle doit se regarder comme une espece de surface colorée, & elle aura une idée de l'étendue, mais très imparfaite; car la figure, le lieu & le mouvement n'existent point à ses yeux; tout cela dépend pour elle d'une nouvelle création.

T vj

Prométhée étend l'exiſtence de Pandore, en joignant en elle l'organe de la vue à ceux de l'ouïe, du goût & de l'odorat; alors la chaîne de ſes idées s'aggrandit, les objets de ſes jouiſſances ſe multiplient ; mais ſon ame circonſcrite dans un cercle étroit, ne peut encore vaincre toute ſon ignorance; elle voit, ſent, goûte & entend, ſans ſoupçonner qu'elle a des yeux, un nez, une bouche & des oreilles. Si , tandis qu'elle goûte un fruit plein de ſaveur, on lui fait entendre un concert, on brûle de l'encens à ſes côtés, & on préſente à ſes regards le ſpectacle magique du claveſſin oculaire, elle ſe regardera comme une ſaveur qui devient ſucceſſivement ſonore, odoriférante & colorée; tous ſes jugemens ſur les objets extérieurs doivent être faux, parce qu'elle penſe qu'elle exifte feule dans le vafte défert de la Nature.

Il eft tems que Prométhée développe le fens du tact dans ce marbre inanimé qui doit un jour brûler pour lui; il eft tems que cet organe naiffe dans ce nouvel être pour l'inftruire fur les plus grandes jouiffances ; l'artifte qui veut jouir de tout le fpectacle de fa création, borne d'abord fa maîtreffe au dernier degré de fentiment; Pandore privée des autres fens, n'exifte que par la confcience qu'elle a de l'action de fes membres, & fur-tout des mouvemens de fa refpiration : voilà fon fentiment fondamental, & elle doit la vie à ce jeu de la machine.

Si elle naiffoit dans un élément toujours uniforme , elle refteroit plongée dans la plus profonde ignorance; mais la fraîcheur du matin succede à la douce température de la nuit, & les feux du midi au frais de l'aurore : alors elle distingue ces diverses sensations. Si, pendant que sa tête est exposée aux rayons du soleil, ses pieds sont arrosés par l'eau d'une fontaine, elle se reconnoît à la fois deux manieres différentes d'exister, & elle acquiert une idée confuse de l'étendue.

Quel nouveau spectacle se présente ? La vive impression du plaisir vient de se communiquer au corps de Pandore, ses muscles se contractent, & son bras s'agite ; cette beauté naissante cede au mouvement machinal; elle promene sa main sur elle-même & sent de la résistance ; elle juge alors qu'elle a un corps & elle peut dire *moi*.

Elle touche ensuite un corps étranger, mais il ne rend pas sentiment pour fentiment ; fi la main dit *moi* elle ne reçoit pas la même réponfe ; cela fuffit pour lui faire diftinguer les objets extérieurs, de fa propre exiftence ; dès-lors elle ne fe croit plus toute la Nature.

Tant que Pandore a été bornée au fentiment fondamental, fon exiftence lui a paru concentrée en un feul point; mais depuis qu'elle connoît l'ufage de fes membres, en variant fes mouvemens, elle cherche à varier fes plaifirs : elle aime à manier le marbre à caufe du poli de fa furface ; un fruit la charme, parce qu'elle peut le contenir tout entier dans fa main; un arbre lui plaît auffi à caufe de l'étonnement où la jette l'étendue de fa circonférence; quand tant de mouvemens auront excédé fes forces, fes plaifirs tumultueux s'évanouiront, & le repos deviendra la plus vive de ſes jouiſſances.

Pandore connoît déja l'étendue, la durée & l'eſpace; elle peut aimer d'autre objet qu'elle-même, & elle eſt ſuſceptible de curioſité; ce dernier ſentiment va l'expoſer aux atteintes de la douleur; elle marche, rencontre un palmier, chancelle & tombe avec bruit : cette chûte, en lui inſpirant la crainte, fait naître en elle la premiere idée d'induſtrie, elle ne marchera plus qu'avec défiance; ſi elle rencontre un bâton, elle s'en ſervira pour guider ſes pas.—La douleur n'a été qu'utile à Pandore, elle a doublé ſon intelligence.

Le tact eſt le plus éclairé des ſens; Pandore, avec ſon ſecours, devient à chaque inſtant plus étonnante; elle ne confond plus un cube avec un globe, & la direction d'un arc avec celle d'un jonc, ſes idées de figure

& d'étendue se perfectionnent, & elle touche aux élémens de l'art d'Archimede.

Puisqu'elle a cinq doigts, elle pourra les compter; ainsi la voilà dans la région abstraite des nombres: cependant les idées d'être, de substance, de Nature, &c. n'existent pas encore pour elle; ces phantômes ne sont palpables qu'au tact des Philosophes.

Ses idées d'espace & de durée s'étendent; son imagination lui fait découvrir une carriere sans bornes qu'elle n'a pu parcourir; & des instans, soit dans le passé soit dans l'avenir, qu'elle ne peut atteindre: alors elle se perd dans un horison immense, & sa pensée paroît embrasser toute l'éternité.

Pandore a des idées sans doute fort étendues, cependant elle ne spécule pas ; si elle devenoit métaphysicienne, avec tous ses préjugés elle pourroit tomber dans le système des idées innées ; mais ce n'est pas la peine, suivant l'abbé de Condillac, d'en faire un Philosophe, pour lui apprendre à raisonner si mal.

Pandore a acquis par l'organe du tact assez de connoissances : il est tems que le plus éclairé des sens serve aux autres d'instituteur. Prométhée conduit sa sensible maîtresse dans un parterre ; elle détache une tige d'œillet, la porte machinalement auprès de son visage & découvre en elle l'organe de l'odorat : c'est alors que le nez, instruit par la main, range en plusieurs classes les corps odoriférans, distingue plusieurs parfums dans un bouquet, & acquiert une finesse de discernement à laquelle l'homme même, jouissant de tous ses sens, ne sçauroit atteindre.

Les bienfaits de Prométhée se multiplient; pendant que le chef-d'œuvre de la Nature s'occupe à sentir le parfum de la rose qu'elle tient collée sur son sein, elle entend le concert mélodieux des oiseaux, l'onde bruyante sort d'une cascade, & le tonnerre qui s'échappe d'un nuage livide, annonce par ses éclats qu'il va anéantir la Nature.

Pandore toute entiere à cette nouvelle sensation laisse son tact & son odorat sans exercice; bientôt elle se rassure & recommence à s'occuper des objets palpables & odoriférans; elle approche de son oreille un corps sonore, & découvre en elle un nouvel organe; elle voudroit aussi toucher les oiseaux qu'elle a entendus, la cascade & les éclats du tonnerre,

& cette erreur si naturelle lui apprend à juger des distances.

Au milieu de ces divers mouvemens qui l'agitent, un voile tombe de ses yeux, ses paupieres se divisent, elle voit la nature, & ce qui doit la toucher davantage, l'amant qui l'a créée.

Pandore s'éclaire sur la distance des corps, sur leur situation, leur figure, leur grandeur & leur mouvement, parce que les yeux en elle sont guidés par le tact, & le tact par les yeux.

Lorsqu'elle commença à jouir de la lumiere, elle ignoroit que le soleil en fût le principe ; elle en fut instruite par la nuit qui vint l'envelopper de ses voiles avec tous les objets qui l'environnoient ; les révolutions de l'astre du jour lui apprirent aussi à mesurer sur son cours la durée du tems, & dès ce moment elle put calculer les biens & les maux de son existence.

Le tact dans Pandore a servi à perfectionner sa vue, son ouïe & son odorat ; cet organe est moins nécessaire au développement de son goût : comme la Nature a consacré le palais à la conservation des animaux ; ce sens paroît le seul qui n'ait pas besoin d'apprentissage.

Au reste le tact, malgré les services qu'il rend à l'entendement, ne doit pas toujours être son oracle ; il introduit également l'erreur & la vérité dans les avenues de l'ame : par exemple, il dit que les couleurs sont dans les corps brillans, les sons dans les corps sonores & les parfums dans les fleurs ; il porte à juger du tems par les révolutions d'une planete, & non par la succession des idées; il apprend au peuple à tout matérialiser, & aux Philosophes à être peuple.

Ne nous écartons pas de l'attelier de Prométhée. Enfin Pandore jouit de tous ses sens, & le grand acte de la création est achevé : examinons sous ce nouveau point de vue ses besoins, ses idées & son industrie; elle est faite pour plaire, rendons-la digne d'aimer.

Pandore, en satisfaisant à un besoin, ne devine pas qu'il doive renaître; elle ne lit point dans l'avenir; elle n'a pas plus de prévoyance que le Caraïbe qui vend son lit le matin, ne se doutant pas que le soir il doive se coucher.

L'expérience l'instruit peu-à-peu; elle réfléchit sur le passé, elle étend sa prévoyance au lendemain, & l'ordre de ses études se trouve déterminé par ses besoins.

Elle abuse de ses sens, la douleur l'en punit, & elle apprend l'art difficile de jouir.

Sa sécurité est d'abord singuliere; elle ne craint point les tigres qui se déchirent entr'eux; l'univers est un théâtre où elle ne joue que le rôle de spectatrice, sans prévoir qu'elle en doive jamais ensanglanter la scène.

L'aspect d'un animal terrible, la vue du carnage dont il est l'instrument, le spectacle de ses propres blessures obligent bientôt Pandore à chercher des armes pour se défendre contre les êtres destructeurs; & avec son industrie, elle lutte avec succès contre la force.

Cependant les frimats viennent attrister la Nature; l'air qu'elle respire, la blesse de toutes pars ; l'aiguillon de la faim la pénetre avec plus de vivacité ; alors son humanité naturelle l'abandonne, elle égorge les animaux qu'elle peut saisir, se couvre de leurs fourrures, & se nourrit de leur substance.

L'ame de Pandore s'ouvre aussi à plusieurs préjugés ; elle se forme un systême particulier sur la bonté & la beauté des êtres ; tout ce qui plaît à son goût & à son odorat, lui paroît bon, & tout ce qui plaît aux autres sens, lui paroît beau.

Persuadée que les êtres qui l'environnent ont un dessein réfléchi quand ils la blessent ou qu'ils lui procurent des jouissances, elle devient superstitieuse, & déifie la moitié de l'univers.

Elle juge aussi de la Nature des choses, suivant ses préventions : mais pourquoi

pourquoi lui imputer cette erreur, puisqu'elle la partage avec les Philosophes?

Pandore avec ses charmes & son amour-propre, ses préjugés & ses lumieres, deviendroit l'idole de la moitié de la terre si elle sçavoit aimer; mais on n'apperçoit dans cette beauté ingénue aucune étincelle de la plus brûlante des passions, & l'ouvrage de Prométhée reste imparfait.

J'ai toujours regretté que le métaphysicien qui a conduit Pandore jusqu'au moment où tous ses organes sont développés, n'eût pas entrepris l'analyse de son sixieme sens: la statue de l'abbé de Condillac seroit peut-être parfaite, si M. de Buffon lui avoit appris à aimer.

L'homme de goût qui a observé la derniere marche de Pandore, s'apperçoit aisément que le fil analytique s'échappe quelquefois des mains de l'auteur, qu'il fait franchir à la statue les intervalles que franchit son génie ; que, loin de penser tout ce qu'on peut dire dans un si beau sujet, il ne dit pas même toujours tout ce qu'il pense. Malgré ces taches légeres, je regarde l'ouvrage de l'abbé de Condillac, comme un des plus beaux monumens de l'esprit philosophique, & sa statue, comme la plus parfaite qui soit sortie jusqu'ici de la main des hommes.

ARTICLE II.

Si l'homme est dans la Nature le seul être sensible.

Il a été un tems où le Philosophe qui auroit agité cette question pouvoit s'attendre à être traité d'insensé par l'homme froid qui raisonne, & d'impie par les têtes brûlées qui persécutent; on croyoit alors que le Pantateuque étoit un traité d'astronomie; on brûloit ceux qui faisoient un pacte avec le diable, & on punissoit Galilée d'avoir été Physicien.

Ce siècle n'est plus; la Philosophie a changé la face de l'Europe;

elle a rendu à l'entendement humain toute son élasticité ; les bons esprits ont appris à étudier la Nature, & le fanatisme ne nuit plus qu'à lui-même.

J'ai toujours cru que cette idée que l'homme seul est sensible, étoit née primitivement dans la tête d'un despote : c'étoit un moyen bien simple de s'établir le roi de la Nature, que de prouver que presque tous les êtres animés étoient des machines.

Voyez la gradation de pensées qui s'observe dans le cerveau d'un Sultan ; les plantes ne sentent pas, car mes œillets ne se plaignent pas plus quand je les coupe, que quand je les place sur le sein de mes Georgiennes ; les animaux ne sont pas plus sensibles que les plantes, car le prophete ne nous a pas défendu de nous jouer de leur vie, & j'ai droit de crever vingt chevaux pour avoir le plaisir de mettre une biche aux abois. Bientôt il dira : mes sujets ne sentent pas, car je les extermine avec encore plus de facilité : de plus quel rapport y a-t-il entre des esclaves & un Sultan ?

Quelle que soit l'origine de ce principe barbare, il s'est répandu avec la plus grande facilité, soit parce qu'il flatte la vanité humaine ; soit parce qu'étant une erreur, il épargne à l'esprit la peine de l'examen.

Au reste, il n'est point aisé de réfuter d'une maniere triomphante ce blasphême contre la Nature; il faudroit pour cela être éclairé sur les dernieres limites de la matiere ; mais le système des êtres est une espece de proportion dont nous connoisfons un peu les moyens, mais dont les extrêmes nous font totalement inconnus. Il y a fûrement des corps céleftes plus gros que cette comete de 1680, dont le période eft de 575 ans ; il doit y avoir auffi des êtres plus déliés que ce globule de lumiere dont plufieurs milliards entrent dans l'œil d'un animal un million de fois plus petit que le Ciron.

Nous ne pouvons gueres raifonner dans une telle matiere, que par analogie. Au refte, quand le Philofophe jette un coup d'œil fur notre logique, il s'apperçoit que c'eft à l'analogie que nous devons prefque tous nos raifonnemens.

Ce qui me démontre la juftefse de mon opinion, c'eft que mon cœur m'entraînoit à l'adopter avant que mon efprit pût lui donner fon fuffrage ; & quand même on me convaincroit qu'elle n'eſt qu'un paradoxe, j'aurois encore beſoin de courage pour ne pas préférer une erreur douce à une vérité cruelle.

AVENTURE

Arrivée à Pythagore.

Pythagore faisoit fréquemment des voyages afin d'acheter le droit d'éclairer la terre. Dans ce tems-là il y avoit fort peu de livres, mais beaucoup d'hommes qui en tenoient lieu.

On peut obferver auſſi qu'alors tous les êtres parloient: voilà pourquoi les anciens étoient ſi prodigieuſement éclairés. Si les modernes ſont ſi ignorans, c'eſt que la Nature eſt muette, ou peut-être qu'ils ne ſavent pas l'interroger.

Ce légiſlateur de l'Aſie étant dans cette partie de l'Inde que nous nommons la côte de Coromandel, ſe rendoit tous les foirs fur le bord de la mer, pour converfer avec les poiffons : cependant les animaux n'étoient pas encore facrés pour lui; il ignoroit qu'on pût être fenfible, fans être homme, & il ne fe doutoit pas qu'il deviendroit dans la fuite le créateur du dogme de la métempfycofe.

Ce Sage fortoit un jour d'une académie de Gymnofophiftes, où l'on avoit décidé que l'homme avoit feul la raifon en partage, parce qu'il étoit le feul qui eût de la fenfibilité. Un Géometre avoit prouvé cette thefe par $a + b - m = o$; un favant avoit cité le Philofophe Lu, qui le tenoit du mage Mamoulouk, qui le tenoit du Parfis Cofrou, qui le tenoit en droiture du dieu Brama. Un jeune poëte avoit mieux fait encore; il avoit mis en vers l'hiftoire naturelle de l'homme, & la rime lui avoit tenu lieu de preuves.

Pythagore n'étoit pas content de cette décision ; il fentoit qu'une équation n'a pas beaucoup de force en métaphyfique, que des vers ne font pas des raifons, & que le dieu Brama pouvoit avoir dit une fottife ainfi il s'en alloit tout penfif vers la mer, comptant bien interroger les poiffons, pour favoir s'ils réfoudroient mieux fon problème que les Philofophes.

Il étoit obligé de traverfer un bois pour fe rendre fur le rivage ; à peine eut-il fait quelques pas dans le taillis, qu'il apperçut l'éléphant blanc du roi de Myrcond (*a*) qui venoit à lui à

(*a*) Après bien des recherches géographiques, j'ai trouvé que l'ancien royaume de Myrcond eft l'empire moderne

grands pas. Son premier mouvement fut de se jetter à genoux devant l'animal royal, comme il est encore d'usage sur toute la côte de Malabar, & sur toute celle de Coromandel, contrées immenses où il y a beaucoup d'éléphans & d'Indiens esclaves, mais très-peu d'hommes.

Le colosse releva doucement avec sa trompe le timide Philosophe : Mon ami, lui dit-il, je suis rassasié d'encens, de gloire & de génuflexions : il y a bientôt quatre cent vingt ans (*a*) que je suis révéré dans

---

du Pégu. Il n'y a pas plus loin d'un de ces noms à l'autre, que de celui de Constantinople à celui de Stamboul.

(*a*) L'éléphant Ajax, qui combattoit pour Porus contre Alexandre, vivoit encore quatre cents ans après. *Voyez* Philostrate, *Vit. Apollon. Lib.* 1*C*.— Cependant ce n'étoit pas un éléphant blanc.

l'Inde à l'égal du dieu Brama : j'ai vu douze générations de rois à mes genoux, & ce n'eſt que par la perte de cent mille hommes, que l'empire de Myrcond a acheté l'honneur de m'avoir pour maître. Tant de grandeurs n'ont pu me corrompre ; je penſe à chaque inſtant que je ne ſuis pas ſur la terre le ſeul de mon eſpece ; je me vois, il eſt vrai, le roi des hommes ; mais les hommes, à leur tour, ſont les rois de mille éléphans, qui, ſans avoir ma couleur, ont mon intelligence. Cet horrible contraſte me remplit de douleur ; car je ſuis Philoſophe (*a*) & ſenſible.....

───────────

(*a*) On verra ſouvent dans cette hiſtoire l'éléphant & d'autres animaux avoir des connoiſſances métaphyſiques, généraliſer leurs idées, ſe perdre dans les abſtractions, &c. Ce n'eſt point-là mon

Un éléphant philosophe ! un éléphant senfible ! difoit en lui-même Pythagore ; voilà qui ne s'accorde guere avec les théorêmes, les citations & les jolis vers de nos Gymnofophiftes. Cependant ne jugeons pas entre ce grand animal & une académie.

Tu rêves, dit le coloffe philofophique : tant mieux ; je fuis auffi un animal rêveur ; c'eft même pour donner un libre cours à mes rêveries, que je me dérobe tous les ans pendant huit jours au fafte de ma cour, & que je viens habiter cette forêt :

---

fyftême, comme on le verra au tome fuivant dans les commentaires fur le drame raifonnable. Il ne s'agit ici que de prouver une feule vérité ; c'eft que tous les êtres font fenfibles ; le refte doit fe pardonner au traducteur d'un poëme, & furtout d'un poëme oriental.

j'y trouve des éléphans noirs & des éléphans roux (*a*) avec qui je converse ; je m'entretiens encore plus

───────────────

(*a*) Le révérend pere François-Vincent-Marie de sainte Catherine de Sienne, s'exprime ainsi au *chap.* 11 de son voyage aux Indes Orientales : — Il y a des éléphans de trois sortes : les blancs qui sont les plus grands, les plus doux & les plus paisibles, sont adorés comme des dieux ; les roux paroissent les plus petits de corsage, mais ils sont les plus valeureux, & les autres éléphans ont pour eux beaucoup de vénération : la troisieme espece est celle des noirs qui sont les plus communs & les moins estimés. — Il s'ensuit du témoignage de Pythagore, combiné avec celui du révérend pere François-Vincent-Marie de sainte Catherine de Sienne, que les éléphans noirs sont des dieux pour les animaux subalternes, que les roux le sont pour les noirs, & que les blancs le sont pour les hommes.

DE LA NATURE. 471

volontiers avec moi-même ; & ces inſtans délicieux où je jouis de l'indépendance avec mes égaux, me conſolent des années que je paſſe à m'ennuyer avec les rois. —

Chaque mot que dit votre majeſté me confond : je ſçavois bien que vous étiez chaſte, reconnoiſſant, & même religieux (a) : mais ſenſible

---

(a) L'éléphant eſt chaſte.— *as coïtum triennio interpoſito repetit, quam gravidam reddidit, eamdem præterea tangere nunquam patitur.* Ariſtot. hiſt. anim. Lib. 5, cap. 14. — *Pudore nunquam niſi in abdito coëunt.* Plin. Lib. 8, cap. 5.

L'éléphant eſt reconnoiſſant. — *Cet animal ſe ſouvient du bien qu'on lui a fait, & a de la reconnoiſſance, juſques-là qu'il ne manque point de baiſſer la tête en paſſant devant les maiſons où on l'a bien traité.* Voyages de la compagnie des Indes de Hollande, Tom. I, p. 413.

Enfin l'éléphant eſt religieux. — Lund

la sensibilité n'est donc pas un des attributs essentiels du genre humain ?—

Ton genre humain a de plaisantes idées sur la Nature : j'ai connu jadis à la cour de la reine de Zendou un Philosophe, homme de génie d'ailleurs, qui, après avoir bâti un monde avec des dés, prétendoit que les animaux qui l'habitoient, étoient de purs automates. Suivant cette idée nous avions des yeux sans voir, des oreilles

---

nová nitescente audio elephantos naturali quadam & ineffabili intelligentiá è silvá, ubi pascuntur, ramos recens decerptos auferre, eosque deindè in sublime tollere, ut suspicere, & leviter ramos movere tanquam supplicium quoddam deæ protendentes, ut ipsis propria & benevola esse velit. Ælian. Lib. 4, cap. 10.

Il paroît que depuis Pythagore les hommes ont beaucoup dégénéré, mais non pas les éléphans

sans entendre, & tous les organes du sentiment, sans la faculté de sentir. J'avoue que j'ai été fort sensible à cette calomnie du Philosophe de Zendou; mais j'étois trop puissant pour m'abaisser à le punir.

Pythagore, qui aimoit les systêmes du Philosophe de Zendou, rougit; l'éléphant s'en apperçut & contin ainsi : Je ne persécute personne pour les crimes qu'il pense, mais seulement pour les crimes qu'il fait. Tant que ton Philosophe se contentera de se jouer de son imagination, les éléphans riront & n'en sentiront pas moins. Mais si quelque roi s'appuyoit de l'imagination de cet homme à paradoxes, pour se jouer de notre vie; alors malheur au monde! tous les éléphans se rassembleroient à ma voix, nous marcherions contre les hommes & nous écraserions sous nos pieds toute cette petite fourmilliere.

Pythagore étoit plus effrayé que convaincu : le coloffe mit la fourmi fur fa trompe.—Tu me parois moins décifif, dit-il, que le Philofophe de Zendou ; je veux bien raifonner avec toi : examine un peu cette trompe; voi comme la Nature en a fait en même tems un membre flexible & un organe de fentiment; je m'en fers pour fucer, pour fentir & pour toucher : c'eft un triple fens qui poffede à la fois la flexibilité de tes levres, la fineffe de ton odorat & la délicateffe de ta main. Je fuis fenfible par ma trompe, ou perfonne ne l'eft dans la Nature. —

Votre majefté me fait beaucoup d'honneur de raifonner avec une fourmi; mais je fentirois bien mieux la force de fes raifonnemens, fi abaiffant fa trompe..... Encore un mot, répondit le formidable diſſertateur, & je te rends la liberté. — Je ſuis bien plus ſenſible que les hommes, car je me nourris de végétaux, tandis que tes pareils ſe nourriſſent de chair & s'abreuvent de ſang : vois comme tous les animaux me reſpectent ſans me craindre, tandis qu'ils te regardent comme l'ennemi né de tout ce qui reſpire : veux-tu examiner ſans préjugé quel eſt le plus ſenſible de l'homme & de l'éléphant? ne conſulte ni l'homme, ni l'éléphant, mais interroge la Nature.

Il eût été auſſi difficile à Pythagore de réfuter ce raiſonnement, que d'échapper à la pourſuite de l'animal raiſonneur : l'éléphant lui épargna ce double embarras; il le poſa en ſilence ſur le gaſon, & voyant de loin la femelle d'un éléphant roux, il s'enfonça avec elle dans le plus épais de la forêt, pour mettre à une forte épreuve sa sensibilité.

Le futur législateur de l'Asie se retira tout pensif du côté de la mer : en vérité, disoit-il en chemin, cet éléphant blanc a plus de philosophie que tous nos Gymnosophistes : j'ai fait de grands voyages, mais jamais je n'ai vu d'éléphans qui ne fût frugivore : pour les hommes, ils ont tous un attrait singulier pour la destruction ; chez les Seres on mange des vers-à-soie ; dans l'île de Taprobane, des abeilles ; en Lybie, des sauterelles ; au centre de l'Afrique, des moucherons, & vers la pointe, des poux ; je ne vois qu'une différence entre nous & ces barbares : le Sauvage mange la chair crue, & le Sage la fait cuire.— Encore une fois, l'académie pourroit bien avoir tort.

Mais l'éléphant qui raisonne comme l'homme, pourroit bien être fenfible comme lui, fans que ce privilege s'étendît aux autres animaux. Qui fait fi une ame d'un ordre particulier n'anime pas cette énorme machine ? — Oui, l'académie pourroit bien avoir raifon.

Cependant fi cette maffe organifée qu'on nomme l'éléphant, eft dans la claffe des êtres fenfibles, pourquoi n'y mettroit-on pas auffi cet aigle qui regne dans la région où fe forme le tonnerre, ce colibri qui déploie fur fon plumage toutes les couleurs de l'arc-en-ciel, ce caftor qui bâtit avec autant d'intelligence que nous, ce finge que le Philofophe même eft tenté de prendre pour un homme dégénéré ? — En vérité ce problême n'eft pas aifé à réfoudre.

Ainfi cheminoit Pythagore, adoptant un fyftême & le détruifant tour-à-tour ; raisonnant tantôt comme s'il avoit une trompe, & tantôt comme s'il présidoit son académie ; mais plus près de la vérité lorsqu'il répétoit les leçons d'un animal, que lorsqu'il commentoit celles des Philosophes.

Cependant les ombres de la nuit commençoient à s'épaissir : la lune ne faisoit pas encore briller sa lumiere argentée sur l'horison, & le Sage n'y distinguoit plus les objets qu'à l'aide de ces insectes lumineux qui volent sous la forme de petites étoiles, & qu'on nomme en Indien des cucujus (*a*).

(*a*) Cet insecte, du genre des scarabées, est aussi connu sous le nom d'acudia ou de porte-lanterne ; il a une double utilité ; pendant la nuit, il tient lieu de bougie, & pendant le jour il chasse les cousins avec beaucoup plus d'adresse que les muets du Grand-Seigneur.

Pythagore, las de rêver, s'amufa à prendre un de ces phofphores volans: l'animal captif gémit dans fa main: le Philofophe en obfervant fa lanterne, comprima légérement fa tête, & fon éclat s'affoiblit. Un moment après, en voulant lui rendre la liberté, il le laiffa tomber fur un rocher. L'infecte appella l'homme un

---

Ce qui m'étonne ici, c'eft de le voir dans l'Inde, tandis qu'on l'a cru jufqu'ici un animal particulier à l'Amérique. — La race des cucujus Indiens fe feroit-elle éteinte depuis Pythagore ? L'Amérique alors étoit-elle contiguë à l'ancien Continent ? Notre Philofophe auroit-il pris un ver-luifant pour un cucuju ? Nos naturaliftes ont-ils affirmé où ils ne devoient que douter ? — Quand on traite de l'Hiftoire Naturelle, il vaut encore mieux ne rien établir que de n'établir que des conjectures.

barbare, expira, & la lumiere disparut.

Pythagore qui étoit sensible quoique Gymnosophiste, se baissa pour secourir son cucuju. A force de chercher dans les fentes du rocher, il crut trouver son insecte, mais il n'attrapa qu'un bombardier. Cet animal qui se sentit saisi par une main étrangere, jetta par l'anus une fumée d'un bleu clair, accompagnée d'une explosion semblable à celle d'une arme à feu (a). Le Philosophe fut d'abord

___

(a) L'Histoire Naturelle désigne les caracteres de cet insecte par cette longue définition: *Cicindela capite, thorace, pedibusque rufis, elytris nigro-cæruleis* — M. Rolander s'est imaginé avoir fait le premier la découverte de cet animal; mais quand M. Rolander s'est exprimé ainsi, il n'avoit sûrement pas lu Pythagore.

effrayé,

effrayé, mais il se familiarisa bientôt avec l'artillerie du scarabée, & répéta ses expériences jusqu'à ce que l'animal tonnant fût épuisé; alors sa poitrine s'affaissa; il appella notre Physicien un monstre, & mourut comme le cucuju.

Pythagore appellé monstre par des scarabées, se persuada aisément qu'ils étoient au nombre des êtres sensibles; il se promit alors de respecter les animaux terrestres, & de ne plus faire d'expérience qui outrageât la Nature.

La marée mortante commençoit déja à gagner ses brodequins, quand il apperçut à la lueur de la lune réfléchie par les flots, plusieurs poules poursuivant avec acharnement une espece de coq qui fuyoit pesamment devant elles. Pythagore, qui devenoit à chaque instant plus humain,

Tome II. X

prit la défenfe de l'opprimé, & le déroba à la rage des Bacchantes emplumées qui vouloient le déchirer. Qui es-tu? qu'as-tu fait, dit le Sage, à l'animal fugitif? — Je fuis..... Hélas! je ne fuis plus rien, dit d'un ton fluté le diminutif de coq au Philofophe : j'avois autrefois un nombreux ferrail où je régnois en defpote : des monftres, faits à l'extérieur comme vous, m'ont ravi l'ufage de mon fixieme fens : depuis ce moment fatal ces poules ne m'ont jamais regardé qu'avec dépit ; elles voudroient me punir du crime des hommes & de mes malheurs.

Pythagore tâcha de confoler le chapon ; il lui dit que fes bourreaux n'épargnoient pas plus les hommes que les coqs ; qu'il y avoit dans quelques contrées des peres qui mutiloient leurs enfans, pour leur donner une voix de deſſus, & que dans preſque toute l'Aſie on faiſoit des demi-hommes pour augmenter la valeur des femmes. Ces grands exemples firent quelqu'impreſſion ſur le chapon, & en ſe retirant il maudit moins les hommes, ſoit parce qu'il ne vit plus de poules, ſoit parce qu'il ne put réſiſter à l'éloquence de Pythagore.

L'infortuné volatile étoit déja fort loin, quand notre Philoſophe méditatif s'apperçut que la mer s'élevoit inſenſiblement autour de lui, & lui fermoit le chemin du rivage. Il ſe hâta de monter ſur un rocher, & réſolut d'y attendre le moment où il plairoit à l'Océan de lui rendre la liberté.

La lune à demi-voilée par un nuage, faiſoit alors briller ſa lumiere incertaine ſur les flots. Pythagore, promenant ses regards sur cette plaine immense qui ne sembloit bornée que par le ciel & par la nuit, ne put se défendre d'un secret sentiment de fierté : — Je suis né, dit-il, dans un élément où tous les êtres animés sont sensibles ; mais pourquoi les habitans de cette vaste mer sont-ils de purs automates ? Comment l'organe du tact, qui nous procure tant de jouissances, leur a-t-il été refusé ? La Nature qui est notre mere seroit-elle la marâtre des poissons ?

Tandis qu'il parloit, une obscurité profonde enveloppoit le ciel & les eaux ; les nuages s'entassoient & se dispersoient au gré des vents ; la flamme livide des éclairs se déployoit sur l'horison, & les rochers retentissoient du fracas du tonnerre. Pythagore, l'œil fixé sur cette mer de feu qui menaçoit à chaque instant de l'engloutir, vit alors quelques poiſſons s'élever du ſein des eaux & s'agiter douloureuſement comme pour lutter contre la preſſion de l'atmoſphere; d'autres venoient juſqu'à ſes pieds chercher un aſyle contre la foudre; quelques-uns mêmes périſſoient d'effroi, & leurs corps livides venoient battre contre le rocher. — Eh quoi! s'écria le Philoſophe, les poiſſons mêmes ſont ſenſibles! ils ont un organe du tact! l'impreſſion de l'air ſuffit pour les faire périr, & moi je vis encore! je vois bien que pour connoître le ſyſtême des êtres, il faut écouter la Nature & non pas les Naturaliſtes.

Cependant la ſérénité renaiſſoit dans la plaine du ciel; la mer ne portoit plus contre les rochers des lames écumantes, & les poiſſons, pour reſpirer un air pur, venoient jouer sur la surface des eaux. Un requin qui avoit entendu le monologue de Pythagore, vint le regarder avec cet air de mépris qu'un monstre qui a vingt-cinq pieds & deux cens dents, doit avoir naturellement pour un animalcule de cinq pieds & demi, qui n'a ni défenses, ni nageoires. Le Philosophe éperdu se crut au dernier instant de sa vie ; il invoquoit Brama avec autant d'ardeur qu'une Indienne qui va se brûler sur le tombeau de son mari. — Sois tranquille, dit le monstre, j'ai mangé aujourd'hui trente dorades, deux lamentins, & trois negres (*a*); je suis rassasié,

───────────────

(*a*) Ce trait de générosité est d'autant plus singulier que le requin est le plus vorace des animaux ; il est particuliérement avide de chair humaine, & on en voit qui suivent les vaisseaux qui font la traite des negres, pour dévorer les ca-

& je t'accorde la vie : mais dis-moi un peu, être à deux pieds sans écailles, par quelle bizarrerie étrange tes pareils me refusent-ils la faculté

---

davres qu'on jette à la mer. Rondelet assure que l'ouverture de la gueule de ce monstre est si grande, que si on la tient ouverte avec un bâillon, les chiens y entrent sans peine pour manger ce qui se trouve dans son estomac. Dampier rapporte encore dans ses voyages qu'un de ses matelots étant tombé dans la mer fut avalé par un requin ; un moment après on saisit ce poisson vorace, on lui fendit le ventre, & on y trouva le matelot tout entier. — Les sçavants qui ont écrit après Dampier & Rondelet n'ont pas manqué de conclure de ces faits, que le requin étoit le monstre qui engloutit autrefois le prophete Jonas. — Au reste, on peut fort bien conclure comme ces sçavans, quand on voit comme Rondelet.

de sentir ? Je respire par mes ouïes, je vois dans ton élément comme dans le mien ; je sens d'une lieue l'odeur d'un cadavre, & je savoure la chair d'un negre comme celle d'un crabbe : si mon organe du tact n'a pas toute la finesse du tien, c'est que j'habite un élément plus épais ; ces écailles sont pour moi une robe impénétrable qui me garantit contre les atteintes du froid ; grace à cette enveloppe grossiere, je prolonge la carriere de mes jours, & je vivrai encore lorsque tes petits-fils auront vécus.

Cependant je suis sensible, & les lamproies que je dévore le sont de même, & le cachalot qui m'engloutit dans sa gueule énorme, l'est aussi.

Mais la mer se retire ; adieu ; souviens-toi que tout être qui respire a des sens ; apprends à respecter la Nature & à ne pas dégrader les requins.

Pythagore éperdu s'examinoit avec surprise & doutoit s'il vivoit encore; quand le monstre eut disparu, il se rappella sa harangue, & promit bien dès qu'il auroit le loisir, d'écrire contre les Gymnosophistes un livre qui ne seroit condamné que par ceux qui ne le liroient pas.

Avant de quitter son rocher, il fut encore témoin d'un spectacle singulier : il vit une multitude surprenante de cames (*a*) qui voguoient sur la mer ayant une de leurs coquilles baillée & l'autre élevée;

(*a*) Genre de coquillages bivalves, fort estimés des anciens, mais qu'ils ne reconnoîtroient gueres sous les noms bizarres que les modernes leur ont donnés ; tels que l'écriture-chinoise, le peigne, la tricotée, la palourde, la vieille-ridée, la chagrinée, le zig-zag, &c.

l'une leur servoit de voile & l'autre de navire ; le Philosophe fit un mouvement pour se retirer ; alors les coquilles se refermerent, les poissons plongerent au fond des eaux, & toute la flotte disparut.

En s'appuyant contre le rocher pour descendre sur le rivage, il toucha aussi par mégarde une espece d'éponge glutineuse dans laquelle vivoit un poisson testacée qui lui étoit inconnu ; l'animal blessé fit jaillir plusieurs filets d'eau au visage du Philosophe, & la fontaine ne tarit que lorsque le poisson ne fut plus (a).

Arrivé au pied du rocher, il apperçut une très-jolie coquille, & la ramassa la croyant vuide ; mais Ber-

---

(a) Kolbe parle de ce fait dans sa description du Cap de Bonne-Espérance, *Tom. 3, p. 136.*

DE LA NATURE. 491

nard-l'hermite (*a*) étoit dedans; ce poisson crustacée défendit sa demeure avec vigueur, il saisit avec sa serre la main du Philosophe & l'obligea à jetter dans la mer l'animal avec sa maison.

Pythagore ne sçavoit plus comment faire pour ne blesser aucun être sensible; il aborda enfin sur le rivage & s'assit tranquillement sur quelques plantes informes qui le tapissoient, méditant sur tous les spectacles dont il venoit d'être témoin, & s'étonnant

---

(*a*) Cette espece de langouste a l'instinct de se refugier dans les coquilles vuides, & d'y rester tant que le domicile lui plaît: on l'appelle *Bernard-l'hermite*, parce qu'il vit solitaire dans sa cellule, & *soldat*, parce qu'il est dans sa loge comme une sentinelle dans sa guérite.

d'avoir acquis plus de lumieres en conversant une nuit avec les animaux, qu'en étudiant pendant un demi-siecle les hommes & les livres.

Les plantes sur lesquelles il reposoit étoient des zoophytes (*a*); chacun de ces êtres singuliers témoigna à sa façon, son mécontentement;

―――

(*a*) Corps marins dont la nature tient de l'animal, & la figure du végétal; on pourroit les appeller des animaux-plantes; on les a long-tems regardés comme des arbustes marins, mais M. de Jussieu, qui observoit comme Pythagore, sans avoir ses aventures, les a fait rentrer dans la classe des animaux. — On peut consulter sur la nature des zoophytes le *premier volume de l'Histoire Naturelle de Ruisch*, Linnæus, *Systeme. nat. p.* 72. *Donati, Hist. Natur. de la mer Adriatique, p.* 54. *Le traité latin du docteur Pallas, & le quatrieme tome de la Nature de M. Robinet, p.* 37.

la plume de mer obscurcit son phosphore (*a*), le pulpo engourdit le pied du Philosophe, comme auroit fait la torpille (*b*), & la galere exhala sur sa main un poison subtil, qui fit l'effet de ces fleches envenimées que quelques Indiens lancent avec leurs sarbacannes (*c*).

───────────────

(*a*) Ce zoophyte est si lumineux, que les pécheurs, à sa lumiere, découvrent les poissons pendant la nuit à de grandes profondeurs : on l'appelle *pennatula phosphorea habitans in Oceano fundum illuminans*, suivant le langage diffus des Naturalistes : M. Ellis en a donné la description dans le *Tome 53* des transactions phisophiques.

(*b*) Il a six jambes, qu'on prendroit pour autant de racines, & une tête qui a la forme d'un pivot rompu : ce sont les Chinois qui ont découvert en lui la faculté de la torpille.

(*c*) Ce zoophyte a l'air d'un amas d'é-

Pythagore avec sa crampe, sa blessure & une bonne provision de rêveries, se traîna comme il put hors du tapis de verdure animée, sur lequel il étoit assis: je ne sçais plus, disoit-il, quel monde j'habite; quoi, les plantes mêmes sont sensibles! un arbre a mes organes! il vit & végete en même-tems! je vois bien que l'éléphant blanc du roi de Myrcond est plus philosophe que toute notre académie.

Mais que diront les Indiens, si je

---

cume transparente ; le poison qu'il renferme est de la plus grande activité; la douleur qu'il cause croit à mesure que le soleil monte sur l'horison, & diminue à mesure qu'il descend, en sorte qu'elle cesse tout-à-fait, un instant après qu'il est couché.—Heureusement il étoit encore nuit quand la galere blessa Pythagore.

leur annonce qu'un éléphant raisonne, qu'une coquille est sensible, que cette mousse est un monde d'animaux ? .... Ce qu'ils diront ! .... J'aurai le sort de tous les grands Philosophes; pendant ma vie, je serai l'ennemi du genre humain ; dans cent ans je ne serai plus qu'un insensé, & dans vingt siecles je serai un demi-dieu.

Cependant le Philosophe ne faisoit encore que douter : il auroit été plus affirmatif, s'il avoit pu connoître les merveilles de l'histoire des polypes; mais cette découverte étoit réservée à notre siecle ; c'est à nous à qui il appartenoit de déchirer le voile de la Nature que Pythagore n'avoit fait qu'entr'ouvrir.

Le sage Indien s'éloigna du rivage de la mer ; instruit par ses fautes, il s'écarta de quelques plantes sensitives qui étoient sur son chemin pour ne pas les flétrir (*a*) ; mais voyant un anacardier de quatre-vingt pieds de

---

(*a*) La plante que Linnæus nomme *mirabilis longiflora* est une espece de sensitive, qui porte tous les soirs une multitude de fleurs odoriférantes qui se flétrissent le matin, & le soir sont remplacées par d'autres. Il y a une sensitive sur la côte de Malabar, nommée *Todda-Waddi*, qui a encore d'autres propriétés : ses feuilles se penchent du côté du soleil, en suivant son cours, & à midi son plan est parallele à l'horison ; quand on les touche, elles se ferment & cachent leur pistils. Cette plante, dans un tems d'orage, tombe dans une espece de recueillement que les botanistes regardent comme son sommeil. L'histoire rapporte qu'un Philosophe de l'Inde devint fol, pour n'avoir pu expliquer les singularités de cette merveille végétale.

Tournefort, *Institut. rei herbar. p.* 605 ; parle fort au long des propriétés de la sensitive ; il est étonnant que ce Natu-

haut dont les fruits étoient de la couleur la plus vermeille, il ne put résister à la tentation d'en cueillir : les Orientaux dans ces tems reculés faisoient un grand usage de l'anacarde, parce son suc sert à donner de l'activité aux sens & procure un nouveau ressort à l'intelligence (a). Py-

---

raliste, qui, à la vue de la grotte d'Antiparos, avoit reconnu la végétation des fossiles, à la vue des sensitives n'ait pas soupçonné l'animalité des végétaux.

(a) L'anacarde est l'acajou des Indes Orientales. Hoffmann, le célebre médecin d'Aldtorff, étoit si persuadé de la propriété singuliere de ce fruit, qu'il appelloit la confection d'anacarde, la *médecine des sots*. Il rapporte qu'un paysan stupide ayant fait usage, pendant quelques mois, de ce singulier aliment, devint si sçavant qu'il obtint une chaire en droit; mais cette métamorphose altéra son tempérament; en peu d'années il

thagore en mangea tant, qu'il se crut pendant quelque tems les lumieres de l'éléphant blanc & l'entendement du dieu Brama.

Une cueillerée du suc d'anacarde enivre auſſi aiſément qu'une phiole de crême des barbades; le Philoſophe, dont la tête étoit plus forte, mais les jambes plus foibles, n'eut pas fait trente pas, qu'il ſe ſentit prodigieuſement fatigué : il réſolut alors de s'aſſeoir, quoique la nuit fût déja fort avancée, & il choiſit un rocher parfaitement nu, dans la crainte de flétrir des végé-

---

ſentit développer en lui le germe d'une maladie inconnue, il devint ſec & décharné, & périt enfin, inutile à lui-même & à ſes concitoyens. — Ce malheureux fut puni d'avoir voulu jouir, pendant quelques mois, de toute l'intelligence qu'il auroit acquiſe pendant vingt années.

DE LA NATURE. 499
taux ou de bleſſer des animaux-plantes.

Enfin, dit le Sage, en s'étendant le long du roc, je puis goûter ici un repos tranquille : le poids de mon corps ne fait point gémir des êtres ſenſibles ; & cette matiere que je preſſe eſt morte & inorganifée; la Nature peut-être ne m'a point donné d'empire ſur les animaux & ſur les plantes; mais du moins je ſuis le roi des foſſiles.

Tu n'en es que le tyran, dit alors une voix inconnue qui s'échappa au travers des fentes du rocher. Pythagore, qui à force de s'inſtruire admiroit beaucoup moins, ſe leva tranquillement & chercha, à l'aide d'un cucuju, quel étoit l'animal qui l'apoſtrophoit ainſi: l'anneau de ſa ceinture s'étant alors approché d'une pierre d'aimant ; il ſe vit attiré malgré lui (*a*) & tomba le visage contre le rocher : persuadé alors que la voix qu'il avoit entendue étoit sortie du sein de la matiere magnétique, il se mit à l'interroger ; il osa même la frapper, mais le rocher resta muet.

Il s'approcha ensuite d'une colonne composée de pierres étoilées, placées les unes sur les autres, & ran-

---

(*a*) Rendons justice à tous les siecles ; les anciens connurent la propriété de l'aimant, d'attirer le fer ; mais ils ne firent pas, sur ce fossile singulier, d'autres découvertes : il se passa bien des siecles avant qu'ils sçussent qu'il pouvoit transmettre sa vertu à des corps étrangers ; il en fallut encore plus pour appercevoir sa tendance vers les poles ; enfin ce n'est que de nos jours qu'on a découvert son inclinaison & sa déclinaison. — Il est bien plus difficile d'observer comme il faut la Nature que de créer des systêmes.

gées par étages décroiſſans comme une pyramide d'Egypte : cet obéliſque étoit un animal (*a*) ; mais Pythagore qui ne l'entendit point parler, ne s'en apperçut pas.

En retournant à ſa premiere place, il reconnut enfin que la voix qu'il cherchoit partoit d'un fragment de rocher compoſé de particules de pierres & de corail, & tapiſſé in-

___

(*a*) Il eſt maintenant connu ſous le nom de *palmier marin* ; les encrinites & les pierres étoilées ſont produites par les débris de la charpente oſſeuſe de cet animal qui ont formé les cavités, où depuis ces foſſiles ſe ſont moulés. Un Naturaliſte a découvert qu'un ſeul palmier marin renferme près de vingt-ſix mille vertebres. — *Voy.* l'extrait d'un mémoire de M. Guettard ſur ce ſujet, dans les Mémoires de l'Académie des Sciences, année 1755.

térieurement de nerfs & de membranes : l'être senfible qui animoit cette pétrification, s'appelle un Microscome, & voici l'analyse du petit entretien qu'il eut avec Pythagore.

PYTHAGORE.

Superbe ennemi de l'homme, tu es donc un fossile ?

LE MICROSCOME.

Non.

PYTHAGORE.

Quoi ! tu serois une plante ?

LE MICROSCOME.

Non.

PYTHAGORE.

Tu es donc un animal ?

LE MICROSCOME.

Non.

PYTHAGORE.

Tu n'es ni animal, ni plante, ni fossile : qui es tu donc ?

LE MICROSCOME.

Voilà une singuliere demande ! — Je suis un être.

PYTHAGORE.

Mais tout être est renfermé dans une de ces trois classes : il paroît, Monsieur l'Etre, que vous n'avez gueres lu le livre du mage Misapouf sur l'histoire naturelle.

LE MICROSCOME.

Je n'ai point étudié ton mage

Mifapouf : voilà pourquoi j'en fçais plus que lui. — Mon ami retiens bien ce grand principe ; il n'y a pas dans le monde deux êtres qui fe reffemblent ; l'homme fait des claffes, mais la Nature ne fait que des individus.

PYTHAGORE.

Quoi ! la Nature n'a infpiré aucun de nos douze cens fyftêmes fur l'hiftoire naturelle ?

LE MICROSCOME.

Tout fyftême eft faux, par cela feul, qu'il eft fyftême. — Tes Naturaliftes font plaifants ! par ce qu'ils diftinguent quelques points fur la furface de l'univers, ils veulent juger l'enfemble de cette immenfe machine ; ils raffemblent péniblement

dans

dans leurs laboratoires quelques fqueletes, & ils difent avec fierté : Voilà la Nature. Les infenfés ! ils ne fçavent pas qu'un vrai cabinet d'hiftoire naturelle devroit être auffi grand que le monde.

PYTHAGORE.

Voilà bien de la philofophie pour un fimple rocher.

LE MICROSCOME.

Tant de Philofophes viennent déraifonner ici, que j'ai pu aifément m'inftruire par leurs erreurs. J'ai trois grands moyens pour acquérir des lumieres ; je ne vois point par les yeux des autres ; je m'étudie, non à être ingénieux, mais à être vrai ; je fais entrer mes idées dans le plan de la Nature, & je ne force point la Nature à se plier à mes idées.

PYTHAGORE.

Vous pourriez déchirer moins les hommes, & les éclairer davantage. — Mais si j'étois tenté de vous désigner vous-même aux Philosophes de mon espece, par quels caractères vous ferois-je connoître ?

LE MICROSCOME.

Je te l'ai dit : nous n'avons de rapport ensemble que par le titre d'être ; si cependant tu desires que je te parle dans la langue imparfaite que tes Physiciens ont inventée, voici quelques-uns de mes caractères : je tiens aux fossiles par le suc lapidifique qui pénetre ma subsistance ; je tiens aux plantes, parce que je végete comme elles, & je suis un animal, parce que je sens : ainsi, je suis aux limites de trois mondes ; mais je n'en habite aucun : un de tes Naturalistes m'a appellé Microscome ; il t'en dira sans doute la raison : pour moi, je l'ignore.

PYTHAGORE.

Vous pouvez, Monsieur le Microscome, être un minéral, une plante même, mais certainement il est impossible que vous soyez sensible; où sont vos sens ?

LE MICROSCOME.

Je n'en sçais rien, & qu'importe; j'ai tantôt du plaisir & tantôt de la douleur; la Nature ne m'a donc pas privé du sentiment ; vous autres hommes, vous dites : je sens, ainsi j'existe ; pour moi, je dis avec non moins de raison : j'existe, ainsi je sens.

J'ai des organes sans doute, mais ce ne sont pas les tiens : si j'avois tes yeux, ton tact & ta tête, je serois un homme ; je sentirois comme lui, & je raisonnerois peut-être aussi mal.

PYTHAGORE.

Je ne suis point encore persuadé : laissons les livres & ne consultons que la raison : il me semble que tout être sensible doit se nourrir, croître & engendrer. Cette loi de la Nature doit embrasser tout ce qui respire, depuis l'homme qui est au haut de l'échelle animale, jusqu'au Microscome.

LE MICROSCOME.

Eh ! qui t'a dit que je ne partageois pas avec toi ces trois facultés ? je me nourris, puisque j'incorpore à ma substance des sucs étrangers ; ces alimens que tes yeux ne peuvent découvrir développent mes organes & je crois : quand j'ai trop d'existence, je féconde des germes & je produis mes semblables.

Mais encore une fois, ton intelligence ne peut pénétrer le méchanisme de ma sensibilité : par exemple, je ne triture point mes alimens comme l'homme ; je ne les avale point comme les animaux qui sont sans dents ; je ne les absorbe pas comme les végétaux par des pompes aspirantes : cependant je me nourris; mais c'est à la façon des Microscomes.

La Nature n'a peut-être qu'une loi, mais cette loi suffit pour vivifier des millions d'êtres qui n'ont entr'eux aucun rapport : comment ose-t-on définir les êtres quand on ignore cette loi ?... O homme ! étudie ton monde & laisse moi dans le mien.

Pythagore auroit bien voulu prolonger cet entretien ; mais le Microscome, qui, contre l'ordinaire des Philosophes, n'aimoit point à parler, cessa de satisfaire aux questions du Sage ; il devint aussi muet que les Naturalistes le représentent.

Cependant le mets enivrant de l'anacarde opéroit toujours dans la tête de Pythagore ; son corps chancelant n'étoit plus en état de soutenir sa tête vigoureuse, ses genoux se déroberent sous lui, son entendement fatigué de creuser dans les idées méthaphysiques, se reposa dans de bizarres rêveries, & bientôt les rêves conduifirent le Philofophe au sommeil.

A peine Pythagore étoit-il endormi, qu'il vit en fonge un coloffe organifé dont l'intelligence humaine ne pourra jamais calculer les proportions. Quoiqu'il fe fût prefqu'anéanti pour fe faire appercevoir tout entier, il paroiffoit encore embraffer lui feul, tout l'efpace des mondes ; tous les globes du firmament brilloient fur fon front, & le tourbillon folaire avec fes planetes, leurs fatellites & leur atmofphère, ne formoient qu'un point dans l'immenfe étendue de ce grand être. Le Philofophe chercha long-tems la terre au milieu de ce point ; il la découvrit enfin avec peine ; mais pour les hommes qui l'habitent, ils fe déroberent à toute fes recherches, ce qui eft très-mortifiant pour les rois de la Nature.

Pythagore étoit attentif à ce grand spectacle; son ame sembloit avoir passé dans ses regards; le colosse lui dit : Cette masse énorme que tu contemples est sensible & organisée, je suis l'univers; c'est moi qui renferme tout ce qui a existé, tout ce qui respire & tout ce qui doit naître dans l'abyme de l'éternité : tes philosophes cependant ont dit que j'étois sans sentiment, sans organes & sans vie; ils ont dit un blasphême absurde : comment une matiere brute peut-elle donner la naissance à des êtres animés ? Oui, je vis, & les mondes que je renferme vivent, & les êtres qui composent ces mondes vivent aussi : cesse donc de rétrecir tes idées; vois la Nature comme elle s'est faite, non comme la font les animalcules intelligens qu'elle a formés; sçache qu'il n'y a de mort dans son sein que l'entendement des êtres qui l'outragent.

Un instant après, l'énorme phantôme disparut, & Pythagore réveillé par les rayons du soleil levant, écrivit sur le rocher même où il s'étoit assoupi, toute son aventure. Pendant plusieurs siecles les Philosophes Orientaux allerent par respect visiter ce monument, comme les Musulmans vont encore visiter aujourd'hui la pierre noire qui est auprès du tombeau de Mahomet. On pensoit beaucoup, après avoir lu cette histoire, & on en devenoit toujours plus humain & plus sensible.

Quand Pythagore fut de retour chez lui, il fit des réflexions profondes sur son aventure, & ces réflexions qu'il adressa à ses disciples, forment un chant fort étendu de ses vers dorés; il ne nous reste de cet ouvrage qu'un fragment sans commencement & sans fin, que je vais traduire; je joindrai au texte des remarques qui serviront à justifier quelques singularités des systêmes de ce Philosophe; on verra que si Pythagore étoit un fol, ce fol a eu pour disciples une foule de grands hommes.

FRAGMENT

Des Vers dorés de Pythagore avec des remarques (a).

I.

.... *Car l'Etre suprême l'a formé, & qui pourroit le détruire ? Il n'y a que les ouvrages des hommes qui partagent leur petite exiſtence. Voyez ce vaſte empire qui confine à l'extrémité*

(*a*) On ne ſçauroit trop répéter qu'il ne s'agit dans tout ce chapitre que d'établir un ſeul principe : c'eſt que tous les êtres ſont ſenſibles. Toutes les autres aſſertions de Pythagore ne doivent être conſidérées ici que comme des convenances de ſtyle, tels ſont, en particulier, les paradoxes de l'ame univerſelle, de la métempſycoſe, &c. Ce fragment doit être conſidéré comme l'expoſition d'un ſyſtême, & non comme un code de morale.

orientale de l'Afie : le peuple le croit éternel ; cependant le fondateur de fon premier Ki n'a commencé à régner que depuis 1098441 grandes révolutions de foleil.

II.

Le monde, dans le fens le plus étendu, eft la Nature : la Nature ! A ce nom fublime mes idées ceffent de ramper, & mon ame devient grande comme la fubftance éternelle dont elle émane. Mes amis, j'ai confumé trente ans à penfer comme le refte de la terre fur les premiers principes ; j'ai blafphêmé trente ans la Nature ; mais une nuit elle m'a infpiré, & je fuis devenu Philofophe.

III.

Ce n'eft qu'au Poëte qu'il appartient de chanter les merveilles de l'univers. Depuis qu'un éléphant blanc m'a fait homme, je brûle de parler le langage

d'Orphée ; je regrette ces années stéri-
les, où j'ai prostitué l'art des vers à
chanter les rois : je rougis même d'a-
voir chanté les dieux . . . . . des dieux
quand j'oubliois la Nature !

IV.

Il n'y a qu'une seule intelligence
dans l'univers ; elle embrasse tout le
système des êtres, depuis ces globes en-
flammés qui roulent dans le vague de
l'espace, jusqu'à ce ver que mon or-
gueil foule aux pieds, & qui doit dé-
vorer ma cendre.

V.

Je vois l'univers comme une grande
échelle, dont les intervalles sont occu-
pés par les êtres sensibles ; elle est bor-
née à une de ses extrêmités par la Na-
ture, & à l'autre par les élémens de la
matiere ; le sentiment s'y affoiblit par
une dégradation finement nuancée de-
puis le premier terme jusqu'à celui qui
est rempli par l'atome, mais il ne périt

pas..... *O homme ! respecte tout ce qui t'environne ; sache que tu ne peux blesser aucun être de l'échelle, sans outrager la Nature.*

VI.

Au nord comme au midi, & au couchant comme à l'aurore, le peuple dit: La matiere brute est la base de l'univers; mais une erreur ne cesse point de l'être parce qu'elle est universelle. Par quelle nuance la Nature a-t-elle passé de la matiere brute à la matiere organisée? Qu'y a-t-il de commun entre la vie & la mort? Et comment le globe que j'habite seroit-il à la fois peuplé d'êtres sensibles & de cadavres? Non, non, tout ce qui existe est homogene, & cette terre n'est pas composée de deux mondes contradictoires.

VII.

Il fut un temps ou mon ame enivrée des plaisirs mathématiques, dédaigna les êtres sensibles. Le jour mémorable où je trouvai le premier la démonstration du quarré de l'hyppothenuse, j'offris par reconnoissance une hécatombe à la divinité. Insensé que j'étois ! afin d'être une fois pieux, je fus cent fois assassin.

VIII.

La Nature, toujours simple dans ses idées, mais toujours variée dans ses ouvrages, a formé sur le même plan l'homme & les animaux ; elle leur a dit à tous : Soyez sensibles afin de jouir de votre existence ; ce n'est que par le sentiment que vous avez passé du néant à l'être.

IX.

Lorsque du sommet du Caucase, l'orage porté sur l'aile des aquilons, s'élance sur les plaines de l'Asie, qu'un déluge embrasé semble couvrir la terre d'un pole à l'autre, & qu'un volcan nouvellement entr'ouvert vomissant de son sein des rochers calcinés, ensevelit les villes dans des gouffres de flamme; les peuples, prosternés aux pieds des autels, font ruisseler le sang des victimes..... Aveugles qu'ils sont! ils pensent appaiser la divinité en multipliant les sacrileges.

X.

La scene change; le soleil perce un grouppe de nuages mal-faisans, épure l'atmosphere & vivifie tous les êtres. A la faveur de sa douce lumiere, la robe renaissante de la terre, se nuance de mille couleurs, le monde végétal se développe, & toute la création paroît animée. Alors les hommes dans l'ivresse de leur reconnoissance, osent égorger des animaux paisibles dans les temples des dieux ; ils ne témoignent leur sensibilité qu'en donnant la mort,

& ils font rougir la Nature de ses bienfaits.

XI.

Sages de la terre, c'est à vous que ma voix s'adresse : pesez avec moi dans la balance de la raison, l'intelligence des animaux ; vous soupçonnerez que ces êtres qui ne jouent qu'un rôle subalterne dans votre sphere, peuvent gouverner un autre monde de l'échelle ; vous direz alors que se jouer de leur vie, c'est troubler l'harmonie de l'univers ; vous le direz..... & vous deviendrez frugivores.

XII.

Peuple, dont l'esprit étroit ne voit Dieu que dans les nuages & ne l'entend que dans les éclats du tonnerre, apprends un mystere que l'Intelligence suprême m'a dévoilé : rien ne meurt dans le vaste sein de la Nature ; les êtres matériels croissent, se développent & se métamorphosent ; les ames quittent leurs anciennes demeures pour en habiter d'autres, & l'univers s'entretient par les révolutions mêmes qui semblent devoir le dissoudre.

XIII.

Cet entendement qui est une portion de l'ame universelle, passe tantôt du corps de l'homme dans celui de la brute, & tantôt du corps de la brute dans celui de l'homme. Prêtre d'un dieu homicide, comment oses-tu l'interroger dans les entrailles palpitantes d'une génisse ? C'est ta fille que tu déchires avec un fer sacré : homme féroce que le préjugé & l'exemple ont fait carnivore, tu crois ne manger qu'une huître, un cerf, un agneau, & tu dévores ton amante, ton pere & ton roi.

XIV.

Philosophes, je reviens m'éclairer avec vous ; tous les êtres sont sensibles, mais ils n'ont pas tous le même nombre de sens. Qui sait si dans l'orbe immense que décrit une comete dans l'espace des cieux, elle ne s'approche pas dans son apogée d'un monde habité par des intelligences supérieures à nous ? Donnons-leur douze sens ; elles doivent regarder l'homme qui n'en a que cinq, comme nous regardons l'atome qui n'en a qu'un, & peut-être que ces êtres si heureusement organisés ne sont eux-mêmes que des atomes pour les habitans d'un monde plus parfait.

XV.

Le sentiment, en passant du premier terme de l'échelle au dernier, devient sans cesse plus obtus ; l'œil ordinaire l'apperçoit dans les végétaux, mais il n'y a que l'œil de l'entendement qui puisse le découvrir sous l'enveloppe grossiere des fossiles. Cette dégradation insensible est l'ouvrage de la Nature, & il faut être Philosophe, soit pour la connoître, soit pour la calculer.

XVI.

Le zoophyte est un être intermédiaire entre la plante & l'animal ; il peut avoir le sentiment de la rose & les organes de l'huître ; peut-être aussi qu'il n'y a point de différence essentielle entre l'organisation des deux regnes. Un cancre est à mes yeux un arbre qui vit, & un palmier est un animal qui végete.

XVII.

Ces êtres qui résistent à l'activité du plus terrible des élémens, & qui répandent sans se consumer une lueur funebre dans la nuit des tombeaux, l'amiante & l'asbeste remplissent l'intervalle entre les plantes & les minéraux; leurs fibres sensibles s'étendent & se contractent comme les nôtres ; ils ont une existence particuliere que le plaisir prolonge & que la douleur anéantit.

XVIII.

Comment peut-on douter de la structure organique des fossiles ? un suc actif ne circule-t-il pas dans leurs veines ? n'observe-t-on pas d'exactes proportions dans les divers périodes de leur vie ? leurs fibres entrelacées ne forment-elles pas des lames, des houppes & des réseaux ? ce sont les différentes combinaisons de cet appareil fibrillaire qui font paroître sur le saphir l'azur qui le décore, qui environnent d'ondes pourprées l'améthyste, & qui donnent à l'émeraude cette lumiere vacillante que les yeux perçans découvrent dans notre atmosphere.

XIX.

Si tous les êtres répandus sur ce globe sont sensibles, pourquoi le globe lui-même ne le seroit-il pas ? Par quelle bizarrerie tout ce qui respire recevroit-il l'existence d'un cadavre ? Quoi ! la Nature qui a tout fait pour des insectes, se seroit oubliée dans la construction des spheres célestes ? Un atome vivroit & le soleil seroit un être mort !

XX.

Suivons d'un œil hardi la progression de l'échelle sensible; mesurons avec le compas de la Philosophie, l'intervalle immense que la Nature a mis entre les premiers élémens de la matiere.....

Le reste manque dans le texte Grec.

✥✹✥

REMARQUES.

Remarque sur la premiere strophe. — Pythagore parle ici des Chinois, & il paroît avoir adopté le calcul d'un historien, cité par Lopi, qui fait remonter à 1100750 ans l'époque de la premiere dynastie de ce peuple (*a*). Cette conjecture deviendroit une démonstration s'il étoit bien décidé que notre Philosophe vécût 540 ans avant notre ére vulgaire.

Les Egyptiens, qui se faisoient vieux de cent mille ans (*b*), & les Babyloniens de quatre cent soixante-

---

(*a*) *Voyez* Martini, hist. de la Chine, Tom. 1, Lettres édifiantes, 21. Hist. des Huns par M. de Guignes, Tom. 1, &c.

(*b*) *Diod. Sicil. Lib.* 2, p. 145.

treize mille (*a*), ne méritent pas plus de créance de la part des Philosophes que les Chinois. Qu'on me cite un monument authentique qui remonte seulement au-delà de quarante siecles : tous les peuples ont eu la manie de relever leur origine ; ils ont voulu la rendre illustre, ils ne l'ont rendue qu'obscure.

Remarque sur la IVe strophe. — Je tâcherai de ne point me répéter.— Le paradoxe de l'ame universelle me semble le centre de ralliement des anciens & des modernes ; Pythagore (*a*) n'a fait, sur ce point

---

(*a*) S. Augustin, *de Civit Dei*, Lib. 18, cap. 40.

(*b*) Le précis de la doctrine de ce Philosophe nous a été conservé par Cicé-
de

de doctrine, que développer l'ancienne croyance qui sert encore de base, après plus de cinquante siecles, aux systêmes d'une classe de philosophes; le Zoroastre de Babylone, Zabrab, Teucrus & d'autres qui ne nous ont transmis que leurs noms, développerent ce dogme sous le ciel brûlant de la Chaldée; Orphée en Egypte en fit le fondement de la doctrine Esoterique, & les trois classes de sçavans révérés primitivement chez les Celtes, les Bardes, les Prophetes & les Druides, reconnurent dans la fange de leurs forêts ce grand principe qu'ils regardoient comme la clef de la Nature (*a*).

---

ron, *de Natur. Deor. Lib.* 1, & par S. Justin, *Cohort. ad gent.* 18.

(*a*) *Voyez Syncelli Chronographia, Pan-*

Après Pythagore, ce dogme comme le feu sacré, se conserva particulierement dans la Grece ; la secte Ionique disoit que l'espace immense étoit l'ame de la divinité (*a*), celle d'Elée confondoit l'unité d'un être avec l'unité de l'être (*b*), & celle d'Héraclite, ne faisoit de la Nature qu'un grand fleuve qui coule sans cesse dans le vuide (*c*). Tous ces Philosophes avoient leurs paradoxes particuliers; mais les principes les plus contradictoires s'expliquoient

---

theum Ægyptiacum de Jablouski, & histoire des Celtes par Pelloutier.

(*a*) Cicer. de Natur. Deor. Lib. 1.

(*b*) *Arist.* de *Xenophan. Zenon. & Gorg.* cap. 6, *Stobæi adv. Matth.* 7—2, & dissertat. de l'abbé d'Olivet sur un passage de Cicéron, *Tom.* 2 de la traduction du traité de *Naturâ Deorum*.

(*c*) Cicer. de Natur. Deor. Lib. 3.

par le dogme de l'ame univerfelle.

Rome n'eut point de Philofophes à elle ; mais elle eut beaucoup de Poëtes, & prefque tous rendirent hommage au dogme de Pythagore. Le chantre fublime d'Enée (a) fe réunit fur ce point avec le chantre voluptueux de Corinne (b).

(a) *Principio cælum ac terras campofque liquentes*

Lucentemque globum lunæ Titaniaque aftra

Spiritus intus alit, totamque infufa per artus

Mens agitat molem, & magno fe corpore mifcet ;

Inde hominum pecudumque genus, vitæque volantum,

Et quæ marmoreo fert monftra fub æquore pontus.

Æneid. Lib. 6. Voilà vraiment un poëte Philofophe.

(b) *Omnia mutantur : nihil interit. Errat & illinc*

L'Europe moderne n'a pas rompu la chaîne des sectateurs de l'ame universelle ; quand à Spinosa dit qu'il n'y avoit qu'une seule substance qui se modifioit de toutes les manieres, qui étoit corps & esprit, cause & effet, il n'a fait que ressusciter le

---

Huc venit, hinc illuc ; & quoslibet occupat artus
Spiritus ; èque feris humana in corpora transit
Inque feras noster; nec tempore deperit ullo :
Utque novis fragilis signatur cera figuris,
Nec manet ut fuerat, nec formas servat easdem
Sed tamen ipsa eadem est : animam sic semper eamdem
Esse sed in varias doceo migrare figuras
. . . .
Ovid. métamorphos. Lib. 15. — Ovide & Virgile travailloient tous deux sur les

dogme de Pythagore, l'étendre & l'empoisonner.

A Dieu ne plaise que je confonde le sage Malebranche avec le sophiste Spinosa; mais quand ce grand homme a soumis Dieu, l'homme, & toutes les intelligences aux loix de sa raison universelle (*a*), a-t-il

idées de Pythagore; mais ces deux grands hommes ne voyoient pas de la même façon. L'homme de génie crée les idées des autres, l'homme d'esprit les imite, & le sot les copie.

(*a*) *Voy.* son Traité de morale, Tom. 1, ch. 1 & 2. Cependant ce Philosophe sage & religieux auroit désavoué, aussi-bien que les écrivains modernes que je cite, le système de l'ame universelle, & sur-tout ses conséquences qui tendent à confondre l'Etre éternel avec l'être créé, & l'ame de l'homme avec celle des êtres subalternes.

fait autre chose que substituer au mot d'*ame* celui de raison ? S'il eût été assez bon physicien pour rire des automates de Descartes, il auroit peut-être rencontré en métaphysique le dogme de Pythagore.

L'ingénieux ministre Boullier, qui fait de la faculté de penser une propriété commune à tous les êtres immatériels, n'a fait encore que déguiser le grand principe de l'ame universelle; en affirmant que la pensée en général est le genre auquel se rapportent toutes les pensées de Dieu, de l'ange, de l'homme, & de la brute (*a*), il va plus loin que Malebranche, mais pas si loin que Pythagore.

Le célebre médecin Grew qui sup-

(*a*) Essai philosophique sur l'ame des bêtes, part. 2, ch. 3 & 4.

pose de l'analogie entre la maniere d'être des corps, & celle des intelligences (*a*), est un vrai Pythagoricien. Newton qui dit que Dieu est tout œil, tout bras, tout oreille, tout cerveau & tout entendement (*b*) l'est encore, & Leibnitz qui compose avec ses monades, tous les

---

(*a*) *Voyez Cosmologia sacra*, or a discourse of the universe, as it is the creature and Kingdom, of god, &c. By. Dr. Nehemiah Grew, Fellow of the college of physicians, of the royal society London, 1701, livre second.

(*b*) Voici le texte tiré de ses principes mathématiques : — *Deus totus est sui similis; totus oculus, totus auris, totus cerebrum; totus brachium; totus vis sentiendi, intelligendi & agendi.* — Il est vrai qu'il ajoute : *Sed more minime humano, minime corporeo, more nobis prorsus incognito.* Newton admettoit l'ame universelle, mais sans vouloir l'expliquer.

êtres matériels & tous les êtres intelligens (*a*), l'eſt auſſi.

N'eſt-il pas étonnant que les ſectes les plus contradictoires tiennent entre elles par un centre de réunion ? Il ſemble que le dogme de l'ame univerſelle ſoit un germe propre à être fécondé dans toutes les eſpeces de cerveaux.

Toutes ces conſidérations doivent rendre les Philoſophes circonſpects, quand ils parlent de l'antiquité; on ne ſçait pas combien de Philoſophes on attaque, quand on réfute Pythagore.

_____

(*a*) Ces monades different cependant entre elles, mais ſeulement par leurs degrés d'activité ; cela ſuffit pour qu'il n'y ait pas dans la Nature deux êtres parfaitement homogenes. Ainſi le ſyſtême des monades a conduit Leibnitz à ſon principe ſingulier des indiſcernables.

DE LA NATURE.

REMARQUE SUR LA Ve. STROPHE. — Il y a sans doute de grandes restrictions à mettre dans le système de le hiérarchie des êtres; car il y a un intervalle infini entre Dieu & ce qui ne l'est pas ; mais il ne s'agit ici que d'examiner si cette idée sublime, née avec Pythagore, est morte avec ce grand homme.

Il faut d'abord mettre au rang des partisans de l'échelle tous ceux qui admettent l'ame universelle ; cette derniere idée est le germe de la premiere, & la seconde en est le développement.

Suivant ce principe, presque toute l'antiquité a admis la hiérarchie des êtres : car presque toute l'antiquité n'a pensé que d'après Pythagore, comme nos ancêtres ne pensoient que d'après Aristote.

Descartes qui avoit assez de génie

pour opérer une révolution parmi les êtres penfans, crut avoir renverfé le grand principe de l'échelle auffi aifément qu'il avoit détruit le fyftême des entélechies. Voyons fi fon triomphe eft complet, & fi le phénix, brûlé dans le fiecle paffé, n'eft pas dans celui-ci rené de fa cendre.

Le génie le plus univerfel du fiecle dernier, l'étonnant Leibnitz, s'exprime ainfi: « Les hommes tien- » nent aux animaux, ceux-ci aux » plantes, & celles-ci aux foffiles.... » Il eft néceffaire que tous les ordres » des êtres naturels ne forment qu'une » feule chaîne, dans laquelle les dif- » férentes claffes tiennent étroite- » ment, comme fi elles en étoient » des anneaux (*a*) ».

(*a*) Lettre à M. Hermann. *Voy.* l'appel au public de M. Kænig.

Pope qui étoit presqu'aussi Philosophe que Pythagore, & sûrement meilleur Poëte que lui, dit dans son essai sur l'homme :

Quelle gradation trouvons-nous établie
Depuis les vermisseaux dont la terre est remplie
Jusqu'à l'homme, ce chef, ce roi de l'univers ?...
Parcourez, rassemblez tous les êtres divers
Commencez par le Dieu qui leur donne la vie ;
Quel spectacle étonnant ! quelle chaîne infinie !
Esprits purs dans les cieux, hommes, poissons, oiseaux,
Habitans de la terre & des airs & des eaux,
Insectes différens, que l'œil découvre à peine ;
Brisez un des anneaux qui forment cette chaîne.,

De l'assemblage entier l'équilibre est perdu,
Et tout dans le cahos se trouve confondu (*a*).

Thompson, l'ami de Pope, & presque son rival, dit dans le poëme des Saisons : — « Quelqu'un a-t-il vu l'enchaînement puissant des êtres décroissans par gradation, depuis la perfection infinie, jusqu'au bord du néant, abyme immense pour l'imagination étonnée (*b*).

L'ingénieux Philosophe qui vient de prendre parmi nous le pinceau de

---

(*a*) Traduction de l'Essai sur l'homme par l'abbé de Resnel. Œuvres de Pope, Tom. 2, p. 108.

(*b*) Traduction françoise des Saisons, Second Chant.

Thompson, ne s'éloigne pas du fyftême de Pythagore.

Nos maux & nos plaifirs, nos travaux & nos fêtes,

Les frimats, les chaleurs, les beaux jours, les tempêtes

Sont dans l'ordre éternel l'un à l'autre enchaînés ;

Ils naiffent de leur courfe aux jours déterminés,

Et par ces changemens la fageffe infinie,

Dans l'univers immenfe entretient l'harmonie....

C'eft ainfi que d'un Dieu méditant les deffeins,

J'admirois ce grand tout, ouvrage de fes mains,

Et j'apprenois du moins à fubir fans murmure,

Ces rigueurs d'un moment qu'a pour nous la Nature (*a*)

(*a*) Les Saifons du marquis de Saint-Lambert, *quatrieme Chant.*

Le Philosophe systématique qui a applati les poles de la terre, dit dans son essai de Cosmologie : — « Auparavant toutes les especes for" moient une suite d'êtres, qui n'é- " toient que les parties contigues " d'un tout ; chacune liée aux especes " voisines, dont elle ne différoit " que par des nuances insensibles, " formoit entre elles une communi- " cation qui s'étendoit, depuis la " premiere jusqu'à la derniere (*a*) ». — Jusqu'ici, Maupertuis est d'accord avec Pythagore ; mais pour ne point choquer les adversaires de ce législateur de l'Inde, il ajoute que cette hiérarchie primitive ne subsiste plus, & que l'approche d'une comete a rompu l'échelle. — Ces cometes, depuis

___

(*a*) Œuvres de Maupertuis, Tom. 1, p. 72.

un fiecle, ont fait naître bien des paradoxes.

Le Pline de la France, a ajouté de nouvelles idées au fyftême de l'échelle. — « La Nature defcend par
» degrés infenfibles de la créature la
» plus parfaite, jufqu'à la matiere
» la plus informe, & de l'animal le
» mieux organifé, jufqu'au minéral
» le plus brut : ces nuances imper-
» ceptibles font le grand œuvre de
» la Nature.... comme elle marche
» par des gradations inconnues, elle
» ne peut fe prêter aux divifions des
» méthodes arbitraires.... elle def-
» cend infenfiblement de l'animal
» qui nous paroît le plus parfait à
» celui qui l'eft le moins, & de ce-
» lui-ci au végétal : le polype d'eau
» douce fera, fi l'on veut, le dernier
» des animaux & la premiere des
» plantes.... La Nature eft une puif-

» fance qui embrasse tout, & qui
» anime tout : le tems, l'espace &
» la matiere font fes moyens; l'uni-
» vers, fon objet; le mouvement &
» la vie, fon but; les phénomenes
» du monde, fes effets..... Quand
» on paffe de ce qui vit à ce qui vé-
» gete, on voit le plan de la Natu-
» re, qui d'abord, n'étoit varié que
» par nuances, fe déformer par de-
» grés, & quoiqu'altéré dans toutes
» fes parties extérieures, conferver
» néanmoins le même fond & le
» même caractere (a).

Monfieur Bonnet à qui l'ame &
la nature doivent tant, eft un des
plus vifs partifans de la grande loi

(a) Ce paffage eft formé de plufieurs
textes de l'Hiftoire Naturelle, *voy. Tom.* 1,
de l'édit. in-12, p. 17 & 18; *Tom.* 3, p. 11,
Tom. 24, premiere vue de la Nature,
& *Tom.* 28, p. 42.

DE LA NATURE. 545

de continuité : « tout eſt ſyſtémati-
» que dans l'univers ; tout y eſt com-
» binaiſon, rapport, liaiſon, enchaî-
» nement ; il n'eſt rien qui ne ſoit
» l'effet immédiat de quelque choſe
» qui a précédé & qui ne déter-
» mine l'exiſtence de quelque choſe
» qui ſuivra ... les différens êtres
» propres à chaque monde peuvent
» être enviſagés comme autant de
» ſyſtêmes particuliers, liés à un ſyſ-
» tême principal par divers rapports ;
» & ce ſyſtême eſt enchaîné lui-mê-
» me à d'autres ſyſtêmes plus éten-
» dus, dont l'enſemble compoſe le
» ſyſtême général ... il n'eſt point
» de ſauts dans la Nature, tout y
» eſt gradué & nuancé. Si entre deux
» êtres quelconques, il exiſtoit un
» vuide, quelle ſeroit la raiſon du
» paſſage de l'un à l'autre ? .. Le po-
» lype enchaîne le végétal à l'ani-

» mal, l'écureuil volant unit l'oiseau
» au quadrupede, le singe touche
» au quadrupede & à l'homme...
» toutes les échelles de chaque mon-
» de ne composent qu'une seule suite
» qui a pour premier terme l'atome,
» & pour dernier le plus élevé des
» Chérubins (*a*) ».

Monsieur le Cat, l'homme qui a expliqué avec le plus de sagacité le méchanisme de l'homme, s'exprime ainsi : « Puisque la Nature ne fait rien
» par sauts, elle garde dans l'ordre
» des êtres la même progression in-
» sensible, qu'elle observe dans tou-
» tes ses opérations; elle a établi
» depuis la pierre la plus brute jus-
» qu'à la créature la plus sublime

(*a*) Contemplation de la Nature, par C. Bonnet, *Tom.* 1, p. 16—18—28 & 29.

» une échelle... & par ces nuances
» elle a introduit l'harmonie dans un
» univers tout rempli de parties
» discordantes (*a*).

L'auteur éloquent de l'essai de Psychologie promene ainsi sa vue perçante & rapide sur l'échelle des êtres — « L'univers est l'assemblage
» des êtres créés... chaque être est
» un système particulier qui tient à
» un autre système particulier; une
» roue qui s'engraine dans une autre
» roue ; l'assemblage de toutes ces
» roues compose la grande machine
» de l'univers... les bitumes & les
» soufres lient les terres aux métaux;
» les vitriols unissent les métaux
» aux sels ; les cryftallisations tien-

(*a*) *Voy.* traité du mouvement musculaire, de la sensibilité, &c. par M. le Cat, art. 3, p. 54.

» nent aux sels & aux pierres; les
» amianthes forment une sorte de
» liaison entre les pierres & les plan-
» tes; le Polype unit les plantes aux
» insectes; le ver à tuyaux semble
» conduire des insectes aux coquil-
» lages; la limace touche aux coquil-
» lages & aux reptiles; le serpent
» d'eau forme un passage des rep-
» tiles aux poissons; la macreuse
» est un milieu entre le poisson &
» l'oiseau; la chauve-souris enchaîne
» les oiseaux avec les quadrupedes;
» le singe donne la main aux qua-
» drupedes & à l'homme... Ainsi
» la grande échelle traverse tous les
» mondes, & va se perdre près du
» trône de Dieu (a) ».

(a) Essai de Psychologie, ou considérations sur les opérations de l'ame, &c. pag 193—194—367 & 365.

Enfin le Philosophe qui a surpris le plus souvent la Nature dans le secret de ses opérations, a consacré le premier livre de son traité de l'animalité à prouver la gradation naturelle des êtres & les loix de cette gradation: « Il n'y a, dit-il, » qu'un seul acte dans la Nature, » dans lequel rentrent tous les évé- » nemens ; un seul phénomene dont » tous les phénomenes sont des par- » ties liées ; en un mot un seul être » prototype de tous les êtres...cette » grande & importante vérité est la » clef du système universel & la base » de toute vraie Philosophie; mais » elle a à lutter contre la prévention » & la stupidité du vulgaire qui la » rejette sans examen, qui l'exami- » neroit sans la comprendre, qui » peut-être la comprendroit & ne » l'admettroit pas; elle a aussi à com-

» battre l'acharnement des hommes
» perſécuteurs qui, comme un eſſain
» d'inſectes importuns, volent ſur
» les pas du génie pour le troubler
» dans ſes ſublimes travaux (*a*) ».

Je ne cite que les hommes célebres, & même je ne les cite pas tous; je ne voulois que montrer combien l'Europe eſt encore pythagoricienne, malgré les petites idées des perſécuteurs, les ſophiſmes de Deſcartes & le mépris pour Pythagore.

REMARQUE SUR LA XVIe STROPHE. — Il ne faut qu'ouvrir un livre moderne de Botanique pour ſe convaincre de l'animalité des plantes: on trouve à chaque page des démonſ-

---

(*a*) De la Nature, Tom. 4, *pag.* 17 & 2.

trations de cette vérité dans l'anatomie des plantes de Grew, dans la ftatique des végétaux, dans la théorie & la pratique du jardinage, dans l'ame des plantes du docteur Dédu, dans le voyage du Levant de Tournefort, dans la contemplation de la Nature de M. Bonnet, dans les œuvres des Malpighi, des Juffieu, des Robinet, &c. On fe pénetre encore plus de ce grand principe, quand on n'a d'autres livres que le fpectacle de la campagne.

Il faut fe placer foi-même au dernier degré de l'échelle animale, pour douter de l'animalité des végétaux.

Les plantes ont les deux fexes, elles font vivipares & ovipares.

Elles fe nourriffent en pompant la nourriture par les pores de leur racine. L'homme n'a qu'une bouche, mais un cedre en a des millions.

La feve qui leur tient lieu de fang, circule chez elles dans des parties analogues à la grande artere & à la veine cave.

L'animal végétant s'accroît par le développement finement gradué de toutes fes parties; quand il ceffe de s'accroître il dépérit, & voilà la vieilleffe.

La plante a fes maladies comme nous, telles que des engorgemens de vifceres, des tumeurs, des paralyfies, &c. Les fucs mal-faifans de la terre, les vapeurs malignes, les corps hétérogenes la bleffent, & la Nature la guérit.

Les végétaux fubiffent des variations fuivant les climats qu'ils habitent; les plantes des Dunes font toujours des pygmées, comme les habitans de la zone torride, font toujours des negres.

Il y a des sensitives qui dorment dans un tems d'orage, & qui se réveillent avec la sérénité des cieux.

Quel est le caractere de l'animal qui ne convienne pas à la plante? Naturalistes, épurfez vos expériences physiques, combinez tous vos systêmes, vous serez toujours obligez de convenir que le Philosophe qui met ses roses au rang des êtres sensibles, mérite bien la peine d'être réfuté.

Un ancien a défini la plante un animal enraciné; un moderne l'a comparée à l'aiguille d'une horloge qui parcourt d'un mouvement insensible tous les points du cadran. L'éleve de Descartes peut à la rigueur n'avoir pas tort; mais sûrement le disciple de Pythagore n'est pas un insensé.

REMARQUE SUR LA STROPHE XVII. — Outre l'amiante & l'asbeste, il y a une plante fossile qu'on nomme le noſtoch, qui végete sensiblement, mais qui est dénuée de branches, de tige & de feuillages. Voy. *obſervat. ſur la végétation du noſtoch*, par M. de Réaumur, hist. de l'acad. roy. des sciences, année 1722. — Il y a peut-être dans l'échelle de la Nature plus de degrés entre le noſtoch & la sensitive, qu'il n'y en a entre l'homme & le noſtoch.

REMARQUE SUR LA STROPHE XVIII. — Le célebre Tournefort soupçonna la végétation des fossiles en visitant la grotte d'Antiparos. *Voy. du Levant*, tom. II. Wallerius a confirmé cette vérité dans sa Minerologie, Henckel, dans sa Pyritologie, & Colonne, dans ses principes de la Nature. Les Physiciens qui ont fait du regne minéral un amas de décombres ont mal vu, ou ont répété ceux qui n'avoient rien vu.

L'Auteur de l'histoire des causes premieres est bien plus hardi que les Naturalistes que je viens de citer. *La pierre, dit-il, qui se détache de la montagne m'étonne, si elle connoît les loix qu'elle suit en tombant; elle m'étonne encore plus si elle les ignore.* Hist. des Caus. prem. pag. 2.

Quand M. de Buffon a dit, *Hist. natur.* tom. III de l'édit. *in*-12, que le minéral étoit une matiere brute, n'agissant que par la contrainte des loix de la méchanique, sans organisation, & faite pour être foulée aux pieds par les hommes & par les animaux; un des plus sages défenseurs de la Nature, a demandé à ce Philosophe ce que c'étoit donc que la vertu attractive de l'ambre & de l'aimant; pourquoi certains fossiles transparens pouvoient électrifer les corps ; comment les métaux , &c. De la Nature , *Tom. 4, part. 7, Liv. 6, ch.* 1. M. de Buffon n'a point répondu à ces difficultés , & qui pourroit y répondre ?

Il y a une époque de puberté, & une autre de vieillesse pour les fossiles ; la dissolution est le terme de leur vie, comme elle est celui des animaux ; ils se multiplient aussi, mais on ne sçait encore par quelle voie : je ne doute point que dans la suite on ne découvre des cailloux mâles, de l'or femelle, & des diamants hermaphrodites.

REMARQUE SUR LA STROPHE

XIX. — Les Egyptiens firent de la vie & de l'intelligence des aftres un dogme de leur doctrine exotérique, & encore aujourd'hui les fectateurs Arabes du Zabianifme ont la même croyance.

Platon, Zénon & Thalès regarderent le monde comme un grand animal; le peuple abufa de ce principe pour adorer les aftres, mais le polythéifme n'eft point le crime de la Philofophie.

S'il eft vrai que l'intérieur de la terre foit un mêlange régulier de divers foffiles; fi l'on découvre fur fa furface un fyftême de folides & de fluides; s'il y a quelqu'analogie entre les marées de l'Océan & l'équilibre des liqueurs dans le corps humain, fi..... en vérité, je ne puis mieux faire que de finir comme Pythagore.

Fin du Tome fecond.

www.ingramcontent.com/pod-product-compliance
Lightning Source LLC
Chambersburg PA
CBHW060755230426
43667CB00010B/1584